今を生きる思想

エーリッヒ・フロム
孤独を恐れず自由に生きる

岸見一郎

現代新書
100
HUNDRED

JN030389

講談社現代新書

2687

目次

引用したフロムの文献

はじめに

エーリッヒ・フロムは予言者である。
――私はそういいたいと思う。

第二次世界大戦以前から、有名なEscape from Freedom（『自由からの逃走』）などの著作により、フロムは現代資本主義社会の本質をいち早く見抜き、人間を疎外し不幸にするその病理に厳しい警告を発していた。分析の目は鋭く、核心を衝《つ》いた批判は今なおまったく古びていない。

しかし、現代は、フロムが予言し警告を発していた通りの世界になってしまった。人間は資本主義社会の中で、「消費人」、「組織人」として目に見えるものであれ見えないものであれ、あらゆる種類の権威に従い、それどころか自らがそのような権威に従っていること自体にすら気づいていない。本当の「自分」を持たず、「ひと」の顔色を窺《うかが》い「ひと」の意見に従い、「自分」の人生を生きられなくなってしまっている。戦争による人類滅亡の危機もいよいよその度を増している。

その意味において、私はフロムは、単に将来を予測する「予言者」には止まらない「預言者」でもあると思う。

フロムは、代々ラビ（ユダヤ教の聖職者）を輩出する家系に生まれた。預言者とは本来、神の言葉を「預かる」者の謂《い》いであり、このユダヤ教の伝統に則《のっと》る存在である。預言者は神の言葉を預かる。そして、彼が預かった神の言葉は同時代人の精神的堕落に対して「改めよ」と警告を発するものである場合が多かった。

しかし、その声はたいてい大衆には届かない。例えば、ユダヤの民は預言者エレミヤの警告に耳を傾けず、その結果、強大なバビロニア王国の王ネブカドネザルにより民族ごとユダヤの地を追われ、バビロニアに強制的に移住させられるという民族の悲劇「バビロン捕囚」の憂き目に遭った。

「ひと」は、預言者の警告に耳を傾けない。だが、破局の後、彼が正しかったことを知る。

フロムを読む者も、同じく決断を迫られるだろう。

フロムは、Man for Himself（『人間における自由』）の序文で次のようにいっている。今日、多くの人が心理学の書物に「幸福」や「心の安らぎ」を得るための処方箋を期待するが、この本にはそのような助言はない。本書の目的は、読者に安らぎを与えるというよりむしろ、読者に問いを投げかけることにある、と。これはフロムの他の著作にもいえることである。

もっとも、フロムは処方箋はないといっているが、何も答えを出していないわけではない。それどころではない、根本的な解決法までも提示している。問題は、そのフロムの提言を受け入れるだけの「勇気」が現代人にあるかどうかである。

フロムの提言自体はむしろシンプルである。しかし、シンプルだということは、本質的、根本的だということである。本質を衝いたものであるために、受け入れることが難しい。なぜなら、それは現代人に「改めよ」と生き方の根本からの変更を迫る、まさしく「預言者」の言葉だからである。

フロムはなによりもまず、人間が本来的に持っている「ヒューマニズム」に信を置かなければならないと主張する。そう聞くと、おそらく多くの現代人はなんと楽天的な提言かと失笑を禁じえないことだろう。「リアリスト」をもって任ずる多くの現代人にはこのような提言は単なる夢想にしか見えないのだ。

だが、こうした「リアリズム」そのものが、フロムによれば自身の「弱さ」の偽装されたもの、「現実からの逃走」にすぎないのだ。現実を見ていないのは、フロムではなく、「彼ら」なのだ。

フロムは、「人間はいかに生きるべきか」への答えとして、なによりも人間存在の内に「理性」と「愛」を発達させることを勧める。もっとも、これがどういう意味なのか、まだしっくりとは肚《はら》に落ちないことだろう。これから共にフロムの思想を繙《ひもと》いていくことによって、どういう意味なのか一緒に考えてほしい。

私が初めてエーリッヒ・フロムの名前を知ったのは、高校三年生の時だった。今から五〇年ほど前のこと。フロムは当時は同時代を生きる思想家だった。図書室の司書の先生に借りたフロムのEscape from Freedomを読んで以来、フロムの著作を折に触れて読んできたが、フロムの没後四〇年が経過した今再読すると、冷戦下、核戦争による人類の全滅まで危ぶまれた中でフロムが人類および社会に発した警告は今でもまったく古びていないことに驚いた。それどころか、フロムははるか先の時代を見据えていたので、彼の「予言」がある程度実現した今の時代に生きるわれわれにこそいっそうリアルに響く。その意味で、フロムは今こそ読まれるべき思想家なのである。

フロムの著作について

フロムの著作はその多くが日本語に翻訳されてきた。今日、よく読まれているフロムの訳書には、自由の重みに耐えかねた近代人が、強い権威に引かれ自発的に従属していくメカニズムが論じられる『自由からの逃走』、愛は対象の問題ではなく、能力、しかも今日多くの人が考えているように愛されることではなく、愛する能力の問題であると説かれる

『愛するということ』、人間の性格の中にある破壊的性向について論じられる『悪について』などがあるが、私は自己と自己の可能性を実現させる規範と価値の問題を扱い、フロムが依拠するヒューマニズム的倫理の意味が明らかにされる『人間における自由』がフロムの主著であると考えている。フロムが倫理の問題を扱うのは、彼が精神分析家、社会心理学者であるだけでなく、哲学者だからである。これが思想家としてのフロムのユニークなところである。

本書で私はフロムのこの著作を多く引用したが、訳文が古く、納得できない部分が多かったので、本書では自分で訳した文を用いた。他の著作についても、原書から引用し、その際、原題を先にあげ、邦訳があれば後ろにそのタイトルを記すことにした。

第一章　よそ者として生きる

第一章では、フロムがどんな生涯を送ったか、正統ユダヤの家族に生まれ育ったことと、少年時代に経験した二つの大きな事件がその後の人生にどんな影響を与えたかを見る。非合理な個人の体験と社会現象について、フロムは知的自叙伝というべきBeyond the Chains of Illusion（『疑惑と行動』）で詳しく語っている。

フロムの生涯

エーリッヒ・フロムは、一九〇〇年にドイツのフランクフルト・アム・マインの敬虔《けいけん》なユダヤ系ドイツ人の家庭にナフタリ・フロムとローザ・フロム（旧姓クラウゼ）の一人息子として生まれた。先祖代々ラビ（ユダヤ教の聖職者）の家系で、曽祖父も祖父もラビだった。フロム自身は二六歳の時、ユダヤ教から離れたが、その世界観は正統派ユダヤ教の強い影響を受けて形成された。

フランクフルト大学で法律を学んだが、一年も在籍しないうちにハイデルベルク大学へ移り、社会学を学んだ。大学卒業後は、社会学から心理学に関心を移した。後に結婚した友人のフリーダ・ライヒマンに紹介され、フロイトの思想に関心を持つようになった。ライヒマンから教育分析を受けると共に、精神分析の訓練を受け、臨床に携わり始め、一九三〇年、精神分析の訓練を終えると、ベルリンで開業した。

その年、マックス・ホルクハイマーが率いるフランクフルト大学社会研究所に社会心理学部門の責任者として入り、権威主義や独裁主義に関する学際的研究に携わった。この研究所で活躍した思想家たちは「フランクフルト学派」と呼ばれた。

ナチスが政権を取ると、ほとんどの所員がユダヤ人である研究所は拠点をドイツ国外へ移し、フロムも最初はスイスへ、その後アメリカに亡命した。これをきっかけに研究所も去った。以降、マルクス主義とフロイト理論の綜合を試み、新フロイト派の社会心理学者として活動し、多くの精神分析と社会心理学の研究所の設立に関わった。

一九四一年にEscape from Freedomを刊行、ファシズム研究の古典というべき本書は、フロムを一躍有名にした。

一九五〇年からは生活の拠点をアメリカからメキシコへと移した。多数の著作を発表したが、就中《なかんずく》、The Art of Loving（『愛するということ』）は広く読まれた。

一九七四年には、メキシコからスイスに移った。一九八〇年三月一八日、八〇歳の誕生日の五日前に心臓発作で亡くなった。

「よそ者」として生きる

父親のナフタリは、フロムを過剰に甘やかし、神経症的、強迫的で、極度の心配性だった。気分にむらもあった。ナフタリはラビにはならず、果実酒の店を営んでいた。フロムは若い頃、タルムード（ユダヤ教の聖典）を学び、タルムード学者になりたかったが、父親が許さなかった。

母親のローザとの関係も父親との関係に劣らず厄介《やっかい》なものだった。ローザは抑うつ的、自己愛的だった。フロムは、何でも自分に引き寄せようとする母親の自己愛的な性質からも容易に逃れることができず、よく泣く母を父から守らないといけないと感じていた。

この過剰に心配性の両親の一人っ子として育ったことは、フロムの成長に積極的なよい影響を与えることはなかった。

フロムは、この「損害」を時間をかけて修復しなければならなかった。フロムの成長に積極的に貢献したのは、先祖代々ラビの厳格な正統ユダヤの家族に生まれ育ったことだった。フロムは、自分が生まれ育ったユダヤ社会の生活感情と精神を、当時の社会の風潮と区別して、前市民社会的、前資本主義的、中世的世界と呼んだが、この古い伝統は、フロムにとっては実際に彼が生きている世界、二〇世紀の世界よりもずっと現実的に思われた。

そして、ユダヤの伝統の体現者としてフロムに強い影響を与えたのが、「ヴュルツブルクのラビ」として知られていた、律法学者、そしてユダヤの聖典タルムード研究家であった曽祖父ゼーリッヒマン・ベール・バームベルガーだった。

この曽祖父は生計を立てるために小さな店を開いていたが、稼ぎは多くなかった。ある日、一月のうち三日だけ出かければ、少し余分に稼げる仕事の話が持ち込まれた。受けてみたらどうかと勧める妻に彼はこういった。

「そんなことをして、一月に三日も勉強する時間を無駄にしろというのか」

また、店にいる時にもタルムード研究に余念がなかった彼は、ある日、店に客がやってきたことに腹を立て、「他に店はないのかね」といったという。フロムにとっては、この曽祖父の逸話が伝える世界の方こそが、地に足の着いた本当の現実と思えたのだ。

フロムにとっては、魂の救済こそがもっとも重大な課題とされるユダヤ世界は、真の意味での宗教的な世界であった。しかし、近代の世界は金儲けを追求する。フロムは子どもの頃から、金儲けのために生きることは人生を失うこと、魂の救済を放棄することだと感じていた。父親が本当はなりたかったのにラビにならず、家族を養うために商売をしていることもフロムには、「本当の生き方」を避けているように見えたのだろう。

「私は、目標ができるだけ多くの金を儲けることである世界の中で、いつも自分が少しよそ者だと感じていた。私は半分はこの古代ユダヤの真性の伝統と、半分は近代世界の中に生きた」（"Die Kranken sind die Gesündesten. Interview mit Jürgen Lodemann und Micaela Lämmle"）

このように、フロムが近代資本主義の鋭い批判者となったことの背景には、彼の深い、本来の意味での宗教的な感情の持つ大きな影響力があった。

どうしてこんなことがありうるのか

フロムは神経症的な家庭で育ったことが人間の行動の非合理性を意識し、心理学研究へと進むきっかけになったといっている。しかし、たしかに子どもにとって親の影響は大きいとしても、心配性の親に育てられたからといって、人間行動の非合理性を必ずしも意識するようになるわけではないだろう。なぜフロムは、人間の行動が非合理であることに強い関心を持つようになったのだろうか。フロムは以下の二つの出来事をあげている。

フロムが一二歳くらいの時、一家の友人に若い女性の画家がいた。二五歳くらいの彼女は美しくて魅力的だった。一度婚約したが、しばらくして婚約を解消し、妻と死別していた父親と一緒に過ごしていた。フロムの記憶によれば、その父親は年老いて、おもしろくもない、貧相な男だった。そう思ったのは、嫉妬のせいでバイアスがかかっているからだったかもしれないとフロムはいっている。その女性に強く引かれていたのである。

ある日、衝撃的な知らせを受けた。その父親が亡くなると、一緒に埋葬してほしいという遺書を残し、彼女もすぐに後を追い、自ら命を絶ったのだ。その頃、フロムはまだエディプス・コンプレックスのことも、娘と父の近親相姦的な固着についても聞いたことがなかった。それまで自殺した人を誰も知らなかったので「どうしてこんなことがありうるのか。若くて美しい女性がこんなにまで父親を愛し、生きて絵を描く喜びより、父親の側《そば》に埋葬されることを選ぶというようなことが、どうしてありうるのか」という考えが頭から離れなくなった。このような行動の背後にある動機を知ろうと思い始めたフロムには、後に知ることになったフロイトの理論にこそ、この事件への答えがあるように思われた。

フロムの成長を決定づけることになったもう一つの大きな事件は、一九一四年、彼が一四歳の時に勃発した第一次世界大戦だった。それはフロムの教師たちについて経験したことであった。ラテン語の教師は、戦争前の二年間、授業の時に、「平和を欲するなら戦いに備えよ」の格言を、自分のお気に入りとして公言していた。平和を維持し戦争を起こさないためには戦争への備えをしていなければならないという武装的平和論者だったのだ。ところが、いざ戦争が起こるとその教師は喜んだ。平和の維持に常日頃から心を傾けていたはずの人が、こんなにも好戦的になるといったことがいったいどうしてありうるのか。それからは、このラテン語教師よりも善意があり正直な人が主張する場合でも、軍備が平和を維持するとは信じられなくなった。

また、当時ドイツ全土に広まっていた、イギリス人に対するヒステリックな憎しみにもショックを受けた。突然、イギリス人は悪者で良心のかけらもなく、わがドイツの罪のな

いあまりに人を信じやすい英雄たちを殺そうとしている、金で雇われた低級な兵隊という
ことになったからである。
「この全国的なヒステリーの最中の、ある決定的な事件が記憶に残っている。英語の授業で、イギリス国歌を暗記する宿題が出たのだ。この宿題は夏休み前のまだ平和だった時に出されたものだった。休みが終わり授業が再び始まった時、生徒たちは先生に、半分はいたずら気分で、半分は〈憎きイギリス〉ムードに冒されていたので、今や最悪の敵の国歌を暗記するのはいやだと申し出た。その時生徒の前に立って、抗議に対して皮肉なほほえみを浮かべた先生が今でも目に浮かぶ。先生は落ち着いた口調でいった。『冗談じゃない。イギリスは今まで一度も戦争に負けたことはないのだ』。それは狂った憎悪の真只中で語られた正気とリアリズムの声だった。この一言、そしてそれが落ち着き払って理性的に語られたことはフロムには啓蒙の光となった。「それは憎しみと国をあげての自己礼賛の狂気のパターンを打ち破り、私に『どうして、このようなことがありうるのだろうか』と考えさせることになった」（*Beyond the Chains of Illusion*）
おじやいとこ、上級生が戦死した。軍当局の勝利の予想は間違いであることがわかった。ドイツの新聞はこの戦争は近隣諸国がドイツの繁栄を妬《ねた》んで仕掛けてきた戦争であるとか、自由のための戦いであると報じていた。初めは異議を唱える人はいなかったが、戦

局が悪化し疑う人が出てくると、政府への信頼は揺らぎ始めた。戦争予算に反対票を投じる議員が増え、ひそかに回覧された『私は弾劾する』と題するパンフレットには、ドイツ政府は外部から攻撃を仕掛けられた無実の犠牲者ではなく、オーストリア－ハンガリーと共に主たる戦争責任があると書かれていた。

それでも、戦争は続いた。誰もが自分は戦争を欲しないといっているのに、なぜ戦争は起きたのか。両陣営とも侵略するつもりはなく、自国領土を保全するだけだといっているのに、なぜ戦争は続くのか。なぜわずかの領土と少数の指導者の虚栄心のために、数百万の兵士が虐殺されることになったのか。戦争は無意味な偶発的事件の結果なのか。それとも、それ自身の法則に従うある社会的、政治的発達の結果なのか。戦争についての疑問が大きくなった。

「一九一八年に戦争が終わった時、私はどうして戦争は起こるのかと問う、人間の集団行動の非合理性を理解したい、平和と国際理解を熱烈に願う大いに悩む若者だった。その上、私はあらゆる公式的なイデオロギーと宣言を深く疑い、『あらゆることについて疑うべきだ』という確信を抱くようになった」（前掲書）

フロムは、不可解な個人の行動と、戦争という社会現象の二つを解明しようとし、フロイトとマルクスの理論に答えを見出した。前者についていえば、過去や現在の表面的な行動を見るのではなく、過去の行動を生み出した力を理解しようとした。この力は意識されなかったり、意識的な思考とは矛盾したりするが、これが変われば、行動は変わりうる。

後者についていえば、戦争は誰かが欲するのではなく、過去に戦争を引き起こし、今後も引き起こしそうな経済的、社会的、心理的な力がそこには働いている。この力を分析することでのみ過去を理解し、未来を予言できるとフロムは考えた。この力が今後も変わらなければ、また戦争は起こるだろう。しかし、フロムはユダヤの預言者と同様、今そうなることを望んでいたのではない。予言が実現しないために、警告を発し続けたのだ。

フロムはフロイトとマルクスから強い影響を受けた。二人なしにはフロムの思想はありえなかった。フロムは、フロイトから個人の生活を支配する法則、マルクスからは社会的存在としての人間の法則を導き出したが、そのまま受け入れたのではなく、両者の綜合を試みた。どのように綜合し、さらに二人を超えていったかは後述する。

第二章　ヒューマニズム的倫理学

基本概念としての「孤独」

では、本章からフロムの思想を具体的に見ていこう。

フロムは現代人の根本的な病理は「孤独」にあると考える。

近代社会が人間にもたらした最大の恩恵は、人間を「自由」にしたことにある。日本でいえば「士農工商」のように身分を固定されていた前近代社会では、人間はまったく自由ではなく、親の代から決められた「身分」に「分をわきまえて」甘んじることを強いられていた。近代はこの身分の鎖を断ち切り、すべての人間を自由にした。

近代社会において人間を自由にしたものは、経済面でいえば資本主義のシステムである。資本主義こそは、近代社会の根底であり、両者は車の両輪、あるいは表裏一体の関係にある。しかし、資本主義が高度な発展を遂げるに従い、その矛盾も明らかになってきた。

近代資本主義社会は前近代の伝統的身分社会を破壊した。しかし、そのことには先述の通り、すべての人間を自由にしたという正の側面だけではなく、人と人との温かなリアルのつながり、「絆」を破壊したという負の側面もあった。人間は、自由になると同時に一人で世界と対峙《たいじ》せざるをえない孤独な存在となったのだ。

しかし、生物存在としての人間は、生来的に「つながり」を求めないではいられない。

しかし「つながり」は、現代の社会には、ない。その孤独についには耐え切れなくなった人間は、何であれ――たとえ偽りのものであることに、薄々気づいていたとしても――孤独から救ってくれるのであれば何にでも縋《すが》りたいと思うまでに追いつめられてしまった。ドイツ国民が独裁者の偽りの声に従ってしまったのは――そして、そのせいでユダヤ人であるフロムは故国を追われることになったのだが――このような現代社会の根本構造に由来する、つまり「孤独」という病理こそが現代に特有のあらゆる問題の根源的原因である、というのがフロムによる現代社会の「診断」である。

この「孤独」を根底から解消するために――すなわち、現代に「絆」をもたらすために――フロムがもっとも重要視するのは「愛」である。そしてこの「愛」という観念は、フロムによれば「ヒューマニズム」のもっとも優れた発現形態なのである。

そこで本章ではまず、主として Man for Himself の記述を辿りながら、フロムのいう「ヒューマニズム」とはどのような考え方なのか、それから見ていくことにしよう。

人間学としてのヒューマニズム

「ヒューマニズム」とは、ただ単に「人類愛に満ちた」、いわゆる「ヒューマンな」と称される時に使われるような漠然とした語ではない。それは本来、一五世紀および一六世紀、フィレンツェを始めとするルネサンス期のイタリア諸都市で勃興した、ギリシア、ヘブライ、ラテン語の古典的教養と言語への復帰運動を指す、一定の歴史的コンテクストを持つ学術用語である。フロムも基本的にはこの意味合いをベースとして、「包括的人間学」という意味で使っている。

フロムのヒューマニズムの主たる原理は、（1）人類は一つであるという信念、つまり、人間的なものでわれわれ各人に見出されないものはないという信念、（2）人間の尊厳の強調、（3）人間が自己を発展させ、完成させる能力の強調、さらに、理性、客観性、平和の強調である。

人類は一つとは、誰もが同じ人間性（humanity）を持っており、一人の人間が全人類（humanity）を代表しているということである。「人間的なものでわれわれ各人に見出されないものはない」というのは、フロムも引くローマの喜劇作家テレンティウスの「私は人間に関わることで自分に無縁なものは何もないと思う」という言葉にもとづいている。フロムの言葉を引くと、「各人は人類のすべてを代表している」のであり、これがヒューマニズムである。だから、「人間的なもので自分に無縁なものはない」（*Beyond the Chains of Illusion*）。

旧約聖書にも、隣人愛、よそ者、つまり、血縁もなく親しくもない人を愛することとして、このヒューマニズムが語られている。その例として、フロムは「寄留者をあなた自身のように愛しなさい」(『レビ記』)、また「寄留者を虐《しいた》げてはいけない。あなたたちは寄留者の気持ちを知っている。あなたたちは、エジプトの国で寄留者だったからだ」(『出エジプト記』)を引いている。

フロムはこの寄留者を「よそ者」(strangers, die Fremde)とも言い換える。「よそ者」を理解できるかは、その「よそ者」の経験を自分もどこまで経験できるかによるだろうが、フロムは、われわれは皆同じ人間的な基礎経験を分有していると考える。それゆえ、基本的にわれわれは互いを理解できるのだ。

次のフロムの言葉は、彼のヒューマニズムを明瞭に説明している。

「われわれが皆一つであるのは本当だが、われわれ各人が独自の存在であり、それ自体が一つの宇宙である。(中略)一人の生命を救う者は誰でも全世界を救ったのと同じだ。一人の生命を滅ぼす者は全世界を滅ぼしたのと同じだ」(*The Art of Loving*)

フロムのヒューマニズムは、彼が生きた時代、いやましに高まることになった人類への脅威に対抗する思想として提起されたものである。核戦争や原発事故などによりさらにいっそう人類の存続が危うくなった今日、「一人の生命を救う者は誰でも全世界を救ったのと同じだ。一人の生命を滅ぼす者は全世界を滅ぼしたのと同じだ」という、フロムの提唱するヒューマニズム思想はますますその重みを増していくに違いない。

生きる技術

では、具体的に日々の現実の生活において、フロムのいう「ヒューマニズム」はどのように実践できるのだろう。その重要な鍵は、フロムによれば「技術」である。

もっとも、それは単なる小手先の「テクニック」ではない。フロムによれば、そもそも「生きる」こと自体が技術を要することなのだ。

例えば、フロムの代表的著作の一つである『愛するということ』の英語原題は"The Art of Loving"であり、ここでのartは芸術ではなく、まさにこの「技術」に相当する言葉である。このように、自身の重要な著作において――しかも、「愛」という、通常「まごころ」の問題であり、「技術」などまったく関係しない、それどころか、愛について技術という言葉が用いられることには嫌悪を覚える人さえいるかもしれない――主題において、この「技術」という語を用いているところからも、これが世間一般の通念とはいささか異なった概念であり、また、フロムがこの「技術」という概念を自身の思想体系の中でいかに重視していたかがわかるだろう。

そして、この「生きる技術」こそはフロムによれば、人間によって実践されるべき、もっとも困難かつ複雑な「技術」なのである。

また、それは何かを成しとげることではない。生きることそれ自体を成しとげる技術である。この「生きる技術」においては、人間は技術者であると同時にその技術の対象でもある。すなわち、生きる技術の対象とは、自分の人生である。人間は、この技術によって自分の人生を形作るのだ。

他の技術、例えば、読むことや書くことの技術であれば、誰もが学ばなければならないと考える。しかし、生きることについては、誰もが生きているのだから、何かの技術を学ぶ必要があるなどとは通常考えないだろう。しかし、幸福でない人、生きる喜びを感じられない人は、生きる技術を習得できていないから幸福ではないのだ。

この「生きる技術」という言葉も、先述のヒューマニズムの概念から生まれたものである。フロムは「善悪」を決定する基準を、神のように人間を超えた権威にではなく、人間自身にあると考えた。「生きる技術」とは、このような「ヒューマニズム的人間学」にもとづく一種の応用科学なのである。

「純粋科学」と対比して用いられる「応用科学」という概念は、一言でいえば「実践の理論」である。それはつねに、あることが行われるべきか否かに関わる。そしてこの「べきである」は、事実と原則についての科学的な知識にもとづいて決定されなければならない。フロムが「生きる技術」を「応用科学」と呼ぶのはそういう意味においてである。

とすれば、ある人の人生がよいものかそうでないかはまず第一に、「人間の学」をどれほど知っているかに関わることになる。しかし、それだけではまだ十分ではない。理論は実践的な規範によって裏打ちされていなければならない。そして、そのためには何が「よい」かについての客観的な基準、すなわち「公理」がまず自らの内にしっかりと打ち立てられていなければならない。

例えば、医学は、病気を治し、延命するのが望ましいという前提の上に立つ一つの「技術」である。この前提が否定されれば、医学のあらゆる規則は無意味になる。このように、あらゆる応用科学は、「行為の目的は『望ましい』にある」という公理にもとづいているのである。

この「望ましい」が、フロムにおける「善」(good)である。反対に、「悪」(bad)は「望ましくない」である。すなわち、フロムによれば、「ためになる」、「ためにならない」という観念が、「善悪」という観念の基礎をなしているのである。

「善」がこうしたものである以上、人は、決して「悪」を選ぶことはない。自分にとってためにならないこと、望ましくないことを選ぶことはないからだ。たとえ悪人が「悪」を選ぶ時でも、悪人が「悪」を選ぶのは、それが「よい」と思っているからだ。つまり、悪人でさえ、つきつめれば「善」しか選べないのである。そうである以上、「悪」が選ばれるのは、たんなる「善悪」の判断の誤りにすぎなくなる。自分のためにならないものを誤って「善」、ためになるものと判断し、結果として「悪」を選んでいるのである。

ただし、フロムのいう「ヒューマニズム」の倫理と、その他の技術が基礎としている公理には根本的な違いがあることも忘れてはならない。仮にその文化のメンバーが絵画や橋を欲しないような文化を想像できるとしても、人が生きることを欲しない文化を想像することはできない。ヒューマニズム的倫理にとっては、生きること自体が公理なのである。

生の欲動はすべての有機体に内在するものである以上、生と死のどちらを選ぶかは見かけの問題にすぎず、実際には生を肯定する以外の選択肢はない。選択できるのは、「よい生」か「悪い生」かだけである。厳密にいえば、「悪い生」を選ぶ人はいない。不幸であることを望む人はいない。そのように見える人は、幸福であるための手段の選択を間違っているだけ、「生きる技術」を習得できていないだけなのだ。

第三章　権威の本質

「歴史的二分性」

本章では、前章の「生きる技術」の概念を受け、フロムがそれをどのように理論化、概念化していったかを見ていこう。本章でも Man for Himself の議論を見るが、権威（特に、見えない匿名の権威）については、The Sane Society（『正気の社会』）の議論も見る。

どんなに恵まれた環境に生まれ育っても、人生の困難をすべて避けることはできない。フロムは、その避けては通れない困難を「実存的二分性」と「歴史的二分性」の二つに区別する。

「実存的二分性」とは、人間として生きている限り必ず直面する困難、端的にいえば「人間は必ず死ぬ」ということを前提とした概念である。すなわち、ここでいう二分性（dichotomy）には、人間が生と死という矛盾の中に生きているという意味がある。人間であること自体に由来し、人間の努力によって変えることの不可能な困難なので「実存的二分性」というのである。

他方、個人の生活や社会生活においても多くの問題がある。こちらは基本的に人間が作り出したものであり、「実存的二分性」とは根本性質を別にする。

例えば、科学技術によってかつて不治だった病が治癒可能になったというように、それまで不可能だったことが可能になり、人間の生活のあり方が大きく変わることがある。しかし、こうした技術は人類の平和と人間の幸福のためにだけ使われるのではない。人類を一瞬で滅ぼすことができる核兵器もまた科学技術の産物である。物質的に豊かになるために技術的な手段を数多く持っているにもかかわらず、それらを平和と幸福のためだけには使えないという矛盾の中を現代人は生きている。このような現代の矛盾を、「実存的二分性」と対比して、フロムは「歴史的二分性」と呼んでいる。

これは「実存的二分性」とは違って、時間がかかっても解決できるものである。困難解決のたゆまぬ努力こそは人類を進歩させてきた原動力である。それなのに、困難を前に何もしないのは、勇気と知識を欠いているからだとフロムはいう。

「実存的二分性」と「歴史的二分性」をあえて混同し、解決できることであるにもかかわらず、解決できないことを証明しようとする人がいる。そのような人はどれほど不条理な出来事が起きても、もう起きてしまった以上、それはあってはならないことではなかったと考える。

このように考え、起きたことを悲劇的な「運命」として受け入れてしまうと、問題の解決に向けての努力をしなくなる。そのような人間の側面が端的に現れるのが、権威による強制に遭遇する場合である。フロムは、受動のままに止まらないのが人間精神の特性であることは、ある一面においてたしかに事実だとしても、その一方、強力な権威によってある思想を強制されると、それを真実として受け入れるのもまた同じく人間の特性であるとする。

以下では、まず先に、人間における「歴史的二分性」の問題を考察する。その時にフロムが重視する概念が「権威」、そしてその「権威」への人間の反応のパターンである。

二種類の「権威」――「合理的権威」と「非合理的権威」

フロムは権威とは一般に信じられているような、単に独裁的で非合理なものではないとする。そして、権威も二つ、「合理的な権威」と「非合理的な権威」に区別する。

「合理的権威」とは、客観的な能力に由来する権威である。例えば、専門家として皆から尊敬を受けるような能力は、合理的な根拠にもとづく権威であり、そのような権威には、他人に同意や賞賛を強要する必要はない。教師が学生に対して持つ権威が合理的である場合なども、その権威が「理性」の名において行使されるからである。理性は普遍的なので、それに従うことは、決して「服従」ではない。その場合、教師から誤りを指摘されたとしても学生は納得できるだろう。

フロムは合理的な権威を持つ人の下す判断を自分自身の理性を働かせた上で受け入れる

ことを「自律的服従」と呼び、自分では判断せず、他者の意志や判断をそのまま受け入れる「他律的服従」と区別する。自律的な服従は、屈服ではなく、理性を用いて自分で確認し判断することである。合理的な権威は絶えずそれを吟味し批判することを許すだけではなく、それを要求しさえもする。批判されることを恐れ学生に批判を禁じる教師の権威はほんものの権威、すなわち、合理的な権威ではないのである。

一方、「非合理的な権威」の源にあるのは「人を支配する力」である。この権威は一方に支配する人物の力を、もう一方にその権威に従う人の不安を必要とする。合理的な権威と違って、この場合批判は許されない。

服従していることを自覚していない人はさらに問題である。そのような人は、自分はただ単にそれが合理的で実際的なことだから従っているにすぎないと信じている。フロムはナチスによるユダヤ人大虐殺の責任者アドルフ・アイヒマンの事例をあげている。フロムは彼のような人を「組織人」と呼ぶ。そして、この「組織人」の象徴が、それが男性であれ女性であれあるいは子どもであれ、人間を単なる番号としか見ない、疎外された官僚である。服従しているという事実に気づかなければ反抗することはできない。フロムのいう「組織人」は、自分が服従していることを忘却した、疎外された人間の典型である。

匿名となった「権威」

二〇世紀の中葉に、権威はその性格を変えた、そうフロムは指摘する。権威が明白な存在から、匿名の目に見えない存在に変容したというのである。もはや誰も命令などしない。それでも人は見えない権威に従っている。明白な存在ではないので、従うことを強制されているとは感じない。それで人は、自分は自発的に従っている、すなわち「合理的な権威」に従っていると誤解する。

しかし、自分で考えずに従うのは、たとえ従う対象の持つ権威が「合理的権威」であったとしても「非合理的権威」への服従である。自分で考える能力を身につけなければ、権威に対して「ノー」といい、不服従の勇気を持つことはできない。フロムはこのような、人が「合理的権威」に自発的に従っていると信じてその実従っている「非合理的権威」を「それ」と呼ぶ。この「それ」は、英語原文はItだが、ドイツ語訳のdas Manの方が言葉として適切である。「ひとがしたり、考えたり、感じたりする」という時の「ひと」(man)は特定の人ではなく、「世間」に等しい。

明白に「非合理的権威」が存在していた時代には、それへの闘いや反抗があった。そして、そのような葛藤や闘いの中で、個性、とりわけ自己意識が発達した。疑い、抗議し、反抗することが、自分に「私」の存在を経験させるからである。だが、匿名の権威による支配に対しては、その存在を実感することができないので、そもそも反抗するという意識を持つことができない。かくして、「私」は自己意識を失い、たやすく「それ」の一部としての「ひと」になる。

この匿名の権威が働くメカニズムが「同調」である。私も皆がすることをしなければならない。他の人と違っていたり、はみ出したりしてはいけない。自分が正しいか間違っているかとたずねてもいけない。唯一問うべきは、世間に適応しているか、他の人と違っていないか。同調圧力に屈すると、私は個性を失い、「私」ではなくなる。

このような現代人の危機から人間を救い出すのが「理性」(reason) である。フロムの考える「理性」とは、単に合理性のみを追求するだけの冷たい思考ではない。「理性」とは、「考える」と「見抜く」という、フロムが人間にとってもっとも重要だと見なす行為の土台をなすものなのである。フロムは「理性」について、次のようにいっている。

「理性には関係づけと自己感覚が必要である。もしも私が印象や思考や意見の自動的な受け手にすぎなければ、それらを比較したり操作したりすることはできても、見抜くことはできない」(*The Sane Society*『正気の社会』)

ここでいう「見抜く」(penetrate, durchschauen) とは、「表面の背後にあるものを発見し、われわれを取り囲む現実の核心、本質を認識しようとすること」である。

続けて、私が私である時にだけ理性を使うことができるとフロムはいう。

「デカルトは、個人としての私が存しているということを、私が考えるという事実から推論した。彼は論じた。『我疑う。ゆえに我思う。我思う。ゆえに我あり』と。この逆も真である。私が私であり、『それ』のただなかにあっても『私』としての個性を失っていない時にだけ、私は考えることができる、つまり、私の理性を行使することができる」（前掲書）。

「私が『それ』のただなかにあっても『私』としての個性を失っていない時」と訳したが、ここでも「それ」のドイツ語訳が das Man（「ひと」）になっていることからわかるように、誰でもない「ひと」の中にあって、個性を失わない時にだけ私は考え、理性を使うことができるのである。

「私」を持たないようになる教育を受けた人は、楽しい時間を過ごせても根源的に不幸である、そうフロムはいっている。

二種類の倫理――「権威主義的倫理」と「ヒューマニズム的倫理」

そして、この「非合理的権威」と「合理的権威」に対応して、倫理にも「権威主義的倫理」と「ヒューマニズム的倫理」の二つがあるとフロムはいう。

まず、「権威主義的倫理」だが、この倫理は人間が「善」と「悪」を自身で知る能力を否定する。善悪の規範を与えるのは個人を超越した権威である。このシステムを支えるのは、理性と知識ではなく、権威への畏怖《いふ》とそれに従う者の弱さ、依存の感覚である。「権威主義的倫理」は、善悪とは何かという問いにもっぱら権威の利益の観点から答える。個人よりも、その権威者が代表する全体の利益が優先されるのだ。

このような権威に従うことで利益に与《あずか》れることもあるかもしれない。権威者を庇《かば》い、仮にそれによって一時的に評判を落としたとしても、最終的にその権威者に引き立てられて昇進できれば、名誉欲は満たされ、経済的にも報われるというような場合である。それでも、この関係は搾取的だとフロムはいう。何か問題が起きた時、権威に従った人に責任が転嫁され、切り捨てられるからである。

このような「権威主義的倫理」の特質は、子どもの幼い判断や、平均的な大人の無反省な価値判断のうちに見られる。その場合、「善」の根拠は自分の内にではなく外部にある。すなわち、「善」とはそれを行えばほめられること、一方「悪」とは社会的な権威、あるいは多くの「ひと」の顰蹙《ひんしゅく》を買ったり、罰せられたりすることである。そのため、他者から認められないことを恐れ、認められることが倫理的判断のほとんど唯一の動機になる。

なぜこのように、服従は徳であり、不服従は悪徳であると考えられてきたのか。それは、少数者が多数者を支配するためである。

アダムとイブが、善悪の知識の木の果実を食べ善悪を区別できるようになったことは、それ自体は悪ではなかった。しかし、神は、人間が神のように、つまり、自力で善悪を知ることを不服従と見た。この不服従が原罪となり、アダムとイブの子孫を堕落させた。人間を堕落から救済しうるのは神の恩寵という特別な業《わざ》のみ、そう教えることで、教会は支配者の権威を支えたとフロムは考える。

「権威主義的倫理において許し難い罪は、従わないことである。すなわち、権威が持つ規範を定めるという権利、また権威によって定められた規範が、それに従う者にとって、もっとも有利であることを疑うことである」(*Man for Himself*)

「権威主義的倫理」の一番の問題は、理性で考えないことである。理性を使うには、「私」の存在が必要である。だが、権威に従う時には理性が使われることはない。自分で考えなければ、決断の責任を取る必要がない。だからこそ、「ひと」はあえて理性で考えないのだ。

一方、「ヒューマニズム的倫理」は、徳と罪の基準を決めるのはあくまでも人間自身であり、人間を超えた権威ではないという原理にもとづく。さらには、「善」とは人間にとってよいものであり、「悪」とは人間にとって有害なものであるという原理にもとづく。フロムはこれを、「倫理的価値の唯一の基準は人間の幸福である」とも言い換えている。

この「ヒューマニズム的倫理」によれば、その行為で幸福になれるのであればその行為は「善」であり、幸福になれないのであれば「悪」である。すなわち、「善悪」とは、なにがしかの権威が自身の利益のために定めるものなどではなく、その基準はあくまでも個々の人間にあるのである。

理性と良心にもとづく価値判断

フロムは、倫理は理性から切り離すことができないという。

「倫理的行動は、理性の、価値判断をするという能力にもとづく。すなわち、理性が善悪を決定し、その決定にもとづいて行動するのである」(*The Sane Society*)

人が価値判断をするのは理性によってである。人間には、何が善であり幸福なのかを判断することができる。ただし、常に正しい判断ができるのではなく、判断を誤ることもある。

しかし、個人が自動機械になり、大きな「それ」にすでに仕えるようになってしまった現代において、どうすれば倫理が重要な部分になりうるのか。そこで、フロムが重視するのが、人間個々人の持つ「良心」である。

「良心はその本性において同調しない。良心は、他のすべての人が『イエス』といっても、『ノー』といえなければならない。この『ノー』をいえるためには、『ノー』がもとづく、判断の正しさが確かでなければならない」（前掲書）

「ひと」が皆賛成している時、良心に従い「それは違う」といえば孤立するのではないか、そう恐れ、人は「ひと」に同調してしまう。しかし、同調している限り、自分の良心の声を聞くことはできない。

フロムは、良心について、次のようにいっている。

「良心は、人間が自分をものや商品としてではなく、人間として経験する時にのみ存在する」（前掲書）

「ひと」に同調することは、自分を捨てることである。自分の考えを持たない人間はもはや人間ではなく、いつでも他の誰かと交換可能な単なる人材にすぎない。

フロムは、良心もまた「権威主義的良心」と「ヒューマニズム的良心」の二つに区別する。

「権威主義的良心」とは、親、国家、教会、あるいは、ある文化において権威と見なされる人物など、外的な権威が内面化された「声」である。これが内面化されることとの問題は、単に外的権威が定めたものにすぎない法、およびその制裁が、自分自身の一部になってしまうことにある。そうなると、自分の外にある何かに責任を感じるのではなく、あたかも自分の内なる何ものか、つまり自分の良心に対して責任を感じるようになる。

このようにして、行為は内面化された「権威主義的良心」によって単純に外にある権威を恐れる場合よりも効果的に規制される。権威が外部のものなら、それから逃げ出すこともできるだろう。しかし、内面化され、自分自身の一部になってしまった権威からは、もはや逃げることはできない。フロイトがいう「超自我」は、この内面化された権威の一つの例である。

もっとも重要なのは、権威主義的な命令は、自分自身の価値判断によってなされるのではなく、もっぱらある権威者によってなされるという点にある。この規範がたまたま善であれば、権威主義的良心であっても行動を善の方向に導くだろう。しかし、それは良心の規範になったものが善だったからではなく、権威者に与えられた規範だったからにすぎない。

その場合、たとえ権威者から与えられた規範が悪しきものであったとしても、それもまた、同じく良心と呼ばれてしまう。先に見たアイヒマンのようなヒトラーの信奉者が、非人間的な行為をしていても自分の良心に従って行動していると考えていたのは、その典型的な事例である。

「権威主義的良心」にとって、「善」とは権威への従順であり、「悪」は不服従である。

「権威主義的状況における根本的な罪は、権威の支配に対する反抗である。そこでは、不服従は最大の罪、従順が最大の徳である」(*Man for Himself*)

もう一つの「ヒューマニズム的良心」について、フロムは次のように説明する。

「ヒューマニズム的良心は、われわれが懸命に喜ばせようとしたり、機嫌を損なわないようにしようとしたりする権威の内面化された声ではない。それは、すべての人間の内にあり、外部の罰や賞賛から独立したわれわれ自身の声である」(前掲書)

しかし、罰せられるとか賞賛されることとは関係なく、良心の声にだけ耳を傾けることは容易ではない。なぜ容易ではないのか。

「良心は(語源の con-scientia が示しているように)自分の内にある知識であり、生きる技術における成功と失敗についての知識である」(前掲書)

良心(conscience)の語源はラテン語の conscientia で、syneidesis というギリシア語を直訳したものである。con や syn は「一緒に」「共に」、scientia、eidesis は「知る」という意味なので、良心は、「何かを - 誰かと共に - 知る」の意味になる。例えば、自分が何らかの不正を犯したことを自分の内で認めるという場合である。このように、「自分自身と共に知ること」が、「良心」という意味に転化されていったのである。逆にいえば、不正を犯しても何ら罪の自覚を持たない人に良心はない、すなわち、そのような人は「自分自身と共に知ること」はないのだ。

また、「生きる技術における成功と失敗」とは、どうすることがうまくいくことか、あるいはいかないことなのかを知っていることが、生きる技術において成功していること、知らないことが失敗という意味である。

「良心は、われわれが人間として機能しているかを判断する」（前掲書）

自らの良心に則り正しく行動し思考していれば、自分が正しいことを自分の内で認めることができる。しかしそうでない行動、例えば賞賛だけを目的とした行動や、誰かの非難を恐れ、それを避けることだけを目的とした行動など、外的な要因のみをその原動力として引き起こされた行動は、不安や不快の感情しか作り出さない。良心はわれわれをわれわれ自身へと呼び戻す「真の自己の声」、自分からの「正しいか？」と呼びかける声に「イエス」と答えられる能力である。その能力がなければ、たとえ自分がしたことでも、本当に自分がしたとはいえないのだ。

フロムが、「ヒューマニズム的良心の目標は生産性であり、それゆえ、幸福である」（前掲書）というのも、この意味においてである。自らの良心の「正しいか？」と問う声に「イエス」と答えられること、それこそが、真に生産的なことであり、真の「幸福」なのである。

なぜ権威に「ノー」といえないのか

では、なぜ権威に従わないことは難しいのだろうか。

権威に従わず、何でも自分で決めようとすると二つの問題が起きる。一つは、権威に従わないと孤独になることである。自分が他者から切り離されていることに気づき、無力感や不安に苛《さいな》まれる。それで、自由を手放し権威に服従する。服従している限り、安全であり、守られていると感じる。孤独にならないためには自分で決めてはいけないのである。その場合、服従する権威が何かは問題にならない。権威に服従している限り、その権威の一部になり、自分が強くなったように感じるのだ。

また、自分で決めれば誤ることがあるが、権威が決めてくれれば「安心」だ。また、権威に背けば孤独になってしまうが、権威の側にいれば「安心」だ。それに、権威に決定を委ねたら、たとえその決定が後に問題になっても自分の責任にはならないと思う。もちろん、正確には権威に決定を委ねたという責任はある。だが、それでも自分が決めたとは思いたくない。

フロムは、アイヒマンはわれわれすべての象徴であり、自分の中にもアイヒマンを見ることができるといっている。自分が権威に無批判に服従していることすら気づいていないのは、アイヒマンだけではないのである。

目を開き、すべてを疑う

それでは、どうすれば権威に従わないことができるのだろうか。フロムが使うdisobedienceは「反抗」とも訳せるが、私がこれまでそれをあえて「不服従」や「不従順」と訳してきたのは、それがただ反対するという意味ではないことを示したかったからである。

従わないことには積極的な意味がある。それは理性と意志を肯定する行為であり、本来、何かに反対する方向に向けられた態度ではなく、何かを求める態度である。その何かとは、何かを見た時に「見た」といえることであり、また見ていないものを「見た」ということを拒否できることである。

これができるためには、攻撃的になることも、反逆的になる必要もない。必要なのは、目を見開き、はっきりと目覚め、半ば眠っているので滅びる危険にある人たちの目を開かせる責任を進んで引き受けることである。

半ば眠っている人の目を覚まさせるのが、まさしく「はじめに」で述べた「預言者」である。旧約聖書の預言者だけではない。どの時代にも預言者は現れる。

フロムは預言者の一人としてソクラテスの名前をあげている。ソクラテスは、神は自分を「虻《あぶ》」のようなものとして国家にくっつけさせたのではないかと思えると、弁明演説の中で裁判員に向かってこういっている。

「私は君たちの目を覚まさせるのに、各人一人一人に膝を突き合わせて一日中説得したり、非難したりすることを少しもやめないだろう」（プラトン『ソクラテスの弁明』）

フロムは、哲学者が決まり文句と世論には従わず、理性と人類に従うのは、理性が普遍的であり、あらゆる国境を越えているからだという。理性に従う哲学者は「世界市民」である。哲学者は暗闇に光をもたらし、半ば眠っている人々を目覚めさせようとする。

だが、預言者に起こされる前に、そもそも眠っていてはならないのだ。傍観しているだけでなく、行動を起こさなければならない。

権威と闘い、権威に従わないためには、権威が持ち出すものが伝統、迷信、習慣など、権力にもとづくものであるとすれば、それらすべてを疑わなければならない。「あえて知恵を持て」、「あらゆることについて疑うべきだ」——この原理が「ノー」ということを可能にする。

「あえて」知恵を持て、とフロムはいう。目を開き、あらゆる通念を疑うこと。そのためには、理性が必要であり、またその理性を「正しく」用いる「技術」が必要である。疑い、批判し、従わない能力——それが、人類に明るい未来が訪れるのか、それとも文明が終焉《しゅうえん》を迎えるのかを決定づける、そうフロムは主張するのである。

良心の声を聞く

「人間は、自分の理性によって判断、決心しなければならない時には孤独でなければならない」(*Man for Himself*)
いつも他人の顔色を気にして自分の意見を持たず、他の誰かの意見に靡《なび》き、他の人に判断を委ねてしまっては、正しい判断はできない。理性によって判断し、皆から反対されても、自分の考えを貫くには、孤独でなければならないのだ。
また、権威に服従せず「ノー」というには内なる良心の声を聞き、それに従うという、ある種の「決断」も必要である。
「良心に従って行動する能力は、自分の社会の限界を超越し、世界市民となる程度にかかっている」(前掲書)

人間は社会（共同体）と人類の両方に属している。自分が所属している社会が本来的な意味において人間的（human）であれば、社会と人類のどちらを選ぶべきかと葛藤することはないだろう。しかし、実際には多くの社会は人間的ではないので葛藤が生じる。

会社や国家のような自分の狭い社会を超え、広く「人類」に所属している人が「世界市民」である。この自覚を持てる人は「良心」に従って行動する。そして、世界市民であることができれば、たとえ自分の属する社会から切り離されたとしても、もはや孤独ではない。

つまり、本当に失ってはならないのは、内なるヒューマニティなのである。フロムのいう「ヒューマニティ」は二つの意味を持っている。一つは連帯する対象としての「人類」。もう一つはおのれの内なる「人間性」としての「理性」「良心」、すなわち「自分自身」である。

「社会的に条件づけられた自分自身と人類からの疎外からの解放」（*Beyond the Chains of Illusion*）が達成できれば、「自分の社会」では孤立しても、決して自分自身と人類から孤立することはない。逆に、自分の内なる理性と良心に従って行動するとともに、外なる人類との連帯を意識することにより、初めて「自分自身になる」のである。

問題は、通常、この良心の声が弱く、他人の声には耳を傾けても、自分の声にはなかなか耳を傾けられないことにある。ここでいう「他人の声」とは、文字通りの声だけのことではない。映画、新聞、ラジオ、つまらないおしゃべり、あるいは近年であればＳＮＳなど、人はあらゆる外部からの夥《おびただ》しい意見や考えに晒《さら》されている。他人の声にばかり耳を傾け、自分で考えないということは、匿名の権威に屈してしまうことに他ならない。

良心の声に耳を傾けるためにはどうすればいいのか。自分一人でいる、孤独でなければならないというのがフロムの答えである。

「自分自身に耳を傾けるのが難しいのは、この〔良心の声を聞く〕技術が現代人にはほとんどないもう一つの能力、すなわち、自分一人でいるという能力を必要とするからである」（前掲書）

人は自分が所属する狭い集団内部での孤立を恐れる。しかし、人はそのような共同体の一員であるだけではなく、人類の一員でもあるのだ。たとえ自分が所属する共同体の中では孤独でも、人類としては孤独ではない――人類との本当の「連帯」を感じることができる時、社会か人類かという葛藤は、もはや、ない。

第四章　自由からの逃走

もう一つの孤独

人間であることに由来する、避けることのできない根源的な問題がある。それは、人は最後には死ななければならないということだ。このことは、普段は忘れていても不意に頭をもたげることがある。この実存的問題とどう向き合えばいいかを、本章でももっぱらMan for Himselfでフロムが論じていることから見てみよう。

孤独になるのは、権威に「ノー」という時だけではない。人生の意味や人生をどう生きるかについても、「ひと」とは違う考え、価値観を持っていると孤独になることがある。

異論を唱えることは「組織人」としての自分には許されないのではないか、そう思うと多くの人は口を閉ざす。「ひと」が疑いもしない常識を疑っていることを知られると、職場で孤立するかもしれないからである。

フロムはこのような考えを「タブー」と呼び、次のようにいう。

「このタブーを自覚することは、〔他者と〕異なり〔他者から〕切り離され、それゆえ、追放されることを意味する」(*Beyond the Chains of Illusion*)

フロムが孤独を他者と異なっていることと定義しているのが注目に値する。

多くの人は他の人と違い、そのため他の人から切り離され、孤独になることを恐れる。

それゆえ、集団が「こうだ」ということには自分も「そうだ」と同調する。理性で判断するのではなく、「ひと」が「こうだ」というものを、真実として受け入れるのである。

「ひと」が悪について語るのは、敵に関してだけである。敵国民の悪徳、残酷さ、非人間性、欺瞞《ぎまん》などは過敏なまでに認識する。大部分のドイツ人が、第二次世界大戦中ヒトラーがユダヤ人、ロシア人、ポーランド人、共産主義者を殺したことをまったく知らなかったという時、嘘をついているのではなく、本当のことをいっているのだとフロムはいう。そんなことはありえない。知っていたはずだと思うだろう。しかし、ほとんどの人はいう。本当に知らなかったのだ、と。

これは「社会的無意識」あるいは「集合的無意識」の事例である。人々は知っていたのに知らないふりをしていたのではなく、自国民にも瑕疵《かし》がありうることを意識に昇らせないように抑圧していたのである。だからこそ、ヒトラーは非道なことを行うことができたとフロムは考えている。

自由を求めていたはずなのに、自由には責任が伴うことを知った時、人は自由を手放してしまう。自由を手放そうとするマゾヒズム的な性格の人については後述するが、フロムは次のようにいっている。

「マゾヒズム的人間は、その主人が自分の外の権威であろうと、主人を良心や心理的な強制として内面化しようと、決断することから解放される。すなわち、自分自身の運命に最終的な責任を持つこと、したがって、どんな決断をしようかと疑うことから解放される。また、人生の意味は何か、『自分』が誰であるかについての疑いからも解放される。これらの問いは、人が結びついている力との関係によって答えられる。人生の意味や自我の同一性は、自我が屈服した、より大きな全体によって決定される」(*Escape from Freedom*)

自分で決めなければ、たとえ人生が自分の願うようなものにならなかったとしても、その責任を取らずにすむ。一方、自分で決めれば、自分がその責任を負わなければならない。もっとも、自分以外の誰かが自分の人生の責任を取れるはずなどはそもそもないのだが。それでも「自分自身の運命に最終的な責任を持つこと」を拒む人は多い。このような人はフロムによれば、「自由の重荷」から逃れようとしているのである。

自分自身の運命について最終的な責任を持つことは、自分がどう生きるかを自分の責任で決めなければならないということである。外的なものであれ内的なものであれ、権威から自由になれば、決断し、人生の意味、私は誰かという問いに答えなければならないのだ。

「実存的二分性」

人生の意味や自分の人生をどう生きるべきかを考えようとしない人はじつは多い。だがこれは、生きている限り避けて通ることのできない問題である。それは人間であることに由来する根源的な問題であり、先に見たように、フロムは「歴史的二分性」と対比して、これを「実存的二分性」と呼んでいる。

フロムはいう、人間と動物では環境世界への適応の仕方が違う、と。動物は環境を変えるのではなく、自分自身を変化させ環境世界に適応させることで世界と調和的に生きている。動物に自然との闘争がないのではない。動物には自らを世界において不変の一部となす能力が生来備わっていないので、適応するか絶滅するかしか選択肢がないのである。

人間は、環境世界に対する本能の統制力が比較的弱い。本能の働きが固定的でなくなり、脳が、したがって学習能力が発達した。人間は、進化の過程において、本能による適応能力がもっとも小さくなった時に出現したのである。

その際、人間は動物とは異なる新しい性質を持った。人間は自分を他者から切り離された存在として意識し、過去のことを覚え、未来を思い描くことができる。さらに、象徴によってものと行為とを示すことにより、世界を理性で理解して、想像力を働かせて自分の感覚を超えることができるようになった。人間はすべての動物の中でもっとも無力だが、まさにこの生物として弱いことこそがじつは人間の強さであり、人間の性質を発達させる第一の原因となった。その意味で人間は自然の一部でありながら、それを超越する存在なのだ。

しかし、人間はどこにいつ生まれるかを自分では決めることができず、偶然にこの世界の中に投げ込まれ、また偶然にこの世界から無理やり引き離される存在にすぎない。しかも、人間はそのことを知っており、自分が無力であることに思い至る。それでも、人間はこの、自身の存在の二分性から逃れることができない。自然の一部でありつつそれを超越しているにもかかわらず、他のすべての生物と共有する限界に縛られている。

フロムは、この二分性を矛盾や対立と言い換えている。たとえ望んでも、心から逃れることはできない。生きている限り、身体から逃れることもできない。そして、身体は生きることを欲するように要求する。人間は種固有の行動パターンを繰り返して生きるのではなく、このような絶え間のない、避けることができない不均衡、分裂の中で自分で人生を生きなければならないのだ。

フロムはこの人間の本性に根ざす分裂を前述のように「実存的二分性」と呼ぶ。それを作り出したのも理性である。理性を持つことになった人間は、楽園を追放された「永遠のさすらい人」なのである。

もっとも根源的な二分性は、生と死の二分性である。死ぬという事実を変えることはできない。人間はこのことを知っており、まさにその知っていることが、人生に大きな影響を与える。

「死についてのあらゆる知識は、死が生の意味のある部分ではないという事実、われわれは死の事実を受け入れるしかないという事実を変えはしない。それゆえ、生の観点からは、敗北でしかないのである」(*Man for Himself*)

「死は敗北である」というのは、強い言葉に聞こえる。人間は二分性をイデオロギーの助けを借りて否定することを試みてきた。キリスト教が不死の魂を要請することで、人生が死をもって終わるという悲劇的な事実を否定しようとしたのはその一つの例である。

人間が死すべき存在であることからは、もう一つの二分性も生じる。「実現しうる」ことと「実現する」こととは別のことだということだ。

どれほど恵まれた環境に生きていても、一生はあまりに短く、自分の可能性を完全に実現することはできない。そこで、イデオロギーを導入して、この矛盾に折り合いをつけようとしたり、矛盾から逃れようとしたりする。人生は死後成就するとか、今、生きている時代が人類の最終的でもっとも優れた完成の状態だと考えるのも、こうしたイデオロギーの一つである。あるいは、人生の意味は社会奉仕や社会的義務にあり、個人の発展、自由、幸福は、国家、共同体など、個人を超越し永遠の力を象徴するものに比べたら意味がない。したがって、個人は個人を超えた大きなものの福祉に従属すべきであるという考えも、イデオロギーの一種である。

実存的問題の解決

この「実存的二分性」に由来する不安は、イデオロギーに自分を委ねたり、仕事、あるいは娯楽や「おしゃべり」に没頭したりすることで、一時的に宥《なだ》めることはできるかもしれない。けれども、その不安を根本から解消することはできない。問題を解決するには一つしか方法はない。

「それは真実に直面し、自分の運命には無関心な宇宙の中で、自分は基本的には一人であり孤独であることを認め、自分の問題を自分のために解決しうる自分を超える力はないと認めることである。自分は自分自身に対する責任と自分自身の力を使うことによってだけ、自分の人生に意味を与えることができるという事実を認識することである」(*Man for Himself*)

孤独であることを認めることから始めるのだ。ここで、フロムが人間は「自分の運命には無関心な宇宙」の中で孤独であるといっていることは注目に値する。人の生死について宇宙は与り知らないのである。

「人間は唯一無二の存在であり、他の誰とも同じではなく、自分が他者とは切り離された存在であることを知っているゆえに、孤独なのである」（前掲書）

フロムは、アダムとイブが楽園から追放された話を、権威に対して「ノー」といったことの例としてあげたが、この楽園からの追放は自然と一体化していた人間が、自然との前人間的な調和の足枷《あしかせ》から解放されたという意味でもある。

楽園においては、人間はいまだ自然と一体化しており、自然や仲間から「切り離された存在」として自分を意識していなかった。しかし神に従わず、楽園を追放されたことにより、二人は前人間的な調和を脱し、動物ではなく「人間」として、自立と自由への最初の一歩を踏み出した。人間は原罪によって堕落したのではなく、二人は、これを契機に目を見開き、自然との心地よい結びつきから切り離されて「個」人となった。だが、一面において、たしかにそれは「自立」だが、同時に、自意識を獲得したことで、世界から彼（女）は疎外された。彼らは互いがよそ者であることを知った。また、世界は彼らにとってよそよそしいもの、さらには、敵対的なものとなったのだ。

また、自意識を持つと、死を意識するようになる。

「人間にとって、人間である限り、つまり自然を超越し自分自身と死を意識している限り、完全に一人であり、他者から切り離されていることは狂気に近い」（*Beyond the Chains of Illusion*）

「自然を超越」しているとは、次のような意味である。人間には他の動物にはない精神的な特質が備わっている。自分自身を知り、自分の過去や未来、つまり死を自覚している。自分の小ささ、無力さもわかっている。自然の中で人間は動物と比べて不完全だが、他の動物と何が違うかといえば、自然を超越できるところである。人間は自然に囚われながら、自らの思考では自由なのである。

このような自己認識を持ったために、世界の中で人間は「よそ者」となり、孤独になった。人は一人でこの世にやってきて、また一人で去っていかなければならない。自分で望んだわけではないのに、気づけばこの世に生まれてきてしまっている。人は必ず死ななければならないが、いつどこでどのように死ぬかを決めることはできない。

短命で、自分の意志に反して死んでいく、愛する人よりも先に死ぬかもしれず、愛する人が自分よりも先に死ぬかもしれない。また、自然や社会の力の前では無力であることを意識している。

「こうしたことのすべては人間の切り離された、分離した存在を耐え難い牢獄にする」（*The Art of Loving*）

この牢獄から自らを解放し、何らかの仕方で人と外界を自分に結びつけなければ、人は発狂するだろうとフロムはいう。孤独を感じた人は、世界から切り離されていることの不安に耐えられず、この孤独を克服したいと願う。他者との関係を持ち一体であることを求めずにはいられないのはそのためだ。問題は、この要求をどのように実現するかである。

宗教的・非宗教的な世界との関わり

自分以外の、自分を超える力が自分に代わって自分の問題を解決することはないとフロムは断言する。人生の意味は自分が与えるのであって、自分を超える力が与えるものではないのである。

フロムは、人間には本来的に備わった宗教的な欲求があるという。しかし、それでも超自然的な力の存在を仮定する必要はないとフロムはいう。人間の状況、つまり「実存的二分性」を理解すれば、人間が動物起源の欲求を超える欲求を持っていることは説明できるからである。

例えば、「人はパンのみにて生きるにあらず」。どれほど空腹でも、目の前にパンを必要とする人がいればそれを差し出すようなことである。飢えや渇き、性欲が満たされても、人間はそれだけでは満足できない。本能に強制されて行動するのではなく、「何かのために」行動しているからである。

フロムは「宗教的」という言葉を用いる理由を次のように述べる。

「われわれの言語は、有神論的システムと非有神論的システムのどちらにも共通するもの、つまり、意味を探求し、自分の存在を意味あるものにする人間の試みに答えを与えようとするすべての思想に共通する言葉を持っていないのである」(*Man for Himself*)

意味の探求に答えようとするのは、神と関連している有神論的システムだけではない。原初の形では神の概念を持っていなかった仏教のような非有神論的システムも、哲学のシステムも同じく「意味」を探求する。

人間は何のために生きているのかという実存的な問いに答えようとする人はすべて「宗教的な」人であり、このような問いに答えを与え、教え、そして伝えようとするあらゆるシステムはすべて「宗教」といってよい。一方、実存的問題に耳を傾けようとしない人や文化は非宗教的である。フロムはこのような、人生の意味の探求に答えを与えるシステムを「方向性と献身の枠組み」と呼び、人間のエネルギーをどこに向けるか、何に捧げるかによって、それぞれの性格を分類する。

エネルギーを向ける先は必ずしも神のような超自然的な力であるとは限らない。多くの人は、エネルギーを成功や名声に向けている。征服と支配を目指す独裁的なシステムに狂信的な献身をする人もいる。しばしば自己保存の欲求よりも強いこうした世俗的な目標追求における激しさと狂信のさまは、宗教に見られるものと同じである。

それが何であれ、何かにエネルギーを向けたいという欲求は強く、それが行動の動機になる。これ以上に強力なエネルギーの源泉はなく、フロムはこれを「理想」と言い換える。

「人間には理想を持つか持たないかの自由はない。どんな種類の理想を選ぶかの自由があるだけだ」（前掲書）

すべての人間は理想主義者であり、物質的な満足の獲得以上の何かを求めているのである。

その例として、フロムは権力の崇拝およびその破壊、あるいは理性と愛にエネルギーを向けることなどをあげている。信じている理想はそれぞれに違う。しかし、それが「人間精神の最善」の表れであれ「悪魔的な表れ」であれ、それらはひとしなみにこの理想の表現なのである。それゆえ、理想あるいは宗教的感情を持つことそれ自体に価値があるとする相対主義的な考え方は間違いであるだけでなく、危険である。あらゆる理想は世俗的なイデオロギーに現れるものも含めて、すべて等しく人間の人間としての要求である。問題は、そのどれが真でどれが偽であるかの検証にあるのだ。

第五章　フロムの性格論

フロイトとマルクスを綜合する

本章ではフロムの性格論を主にMan for Himselfにもとづいて見てみよう。第一章でフロムがフロイトとマルクス理論の綜合を試みたことに言及したが、フロムのいう「性格」がこの綜合の鍵である。

フロムは「性格」を定義して、性格とは「人間の世界への関係の仕方」であるといっている。

「個人が自分自身を世界へと関係づける、このような方向性が性格の核を形作る。性格はまた、人間のエネルギーが同化と社会化の過程の中で方向づけられる（比較的不変な）形であるとも定義できる」（*Man for Himself*）

「同化」と「社会化」

フロムは、人間は「ものを獲得すること」と、「自分を他者（及び自分自身）と関係づけること」という二つのあり方で、世界との関係を持つと考え、前者を「同化」の過程、後者を「社会化」の過程と呼ぶ。「同化」には、「ものを与えられる」、「ものを力ずくで獲得する」、「ものを貯蓄する、交換する、生産する」という三つのパターンがある。一方、

「社会化」には、「服従する」、「支配する」、「破壊する・愛する」の三つのパターンがある。

どちらの関係づけの形態も、動物のように本能によって決定されるものではない。何らかのエネルギーが一度方向づけられることにより、「性格に一致して」、一つの行動がなされるのだ。また性格は、人間にある程度一貫した行動を可能にすることにより、何か行動をするたびにいちいち決断しなければならないという重荷から人間を解放するという機能も持つ。

また、人間は人生を自分の性格に合うように整えることができる。そして、そうすることにより、内的な状況と外的な条件をある程度一致させることができる。

さらに、性格は考えと価値を選択する。多くの人は自分の考えが自分の感情や欲求とは無関係な、論理的な推論の結果だと信じ、自分の世界観は自分の考えや判断によって確認できると信じている。しかし、実際には行動が性格に発するのと同様、世界観のようなものでさえ、個々人の性格に発しているのである。

人間は愛することも憎むことも、競争することも協力することもできる。対等な関係か権威的な上下関係か、あるいは自由か抑圧か、そのいずれをも基礎にして、一つの社会システムを作ることができる。個人においても社会においても、どのように他者と関係するか、その特定の形が具体的に発現されたものが、それぞれの性格なのである。

性格の持つ意義

性格についてさらに注意すべきなのは、性格は一貫した理性的な行為を可能にする機能を持つだけではなく、社会適応の基礎でもあるということだ。子どもの性格は親の性格によって形成され、子どもはそれに応じて成長する。その親の性格と教育方法は、親が属する社会構造によって決定される。平均的な家族は社会の「心理的な代理人」である。子どもは家族に自分を適応させることで自分の性格を獲得し、その性格が、後に社会生活で果たさなければならない仕事に適応させる。

子どもの性格の核は、自分が生きている社会や文化に属する大多数の人が共有しているものである。性格がある程度まで社会や文化の典型によって形作られるということは、社会や文化に属する大多数の人が、一定の性格要素を共通して持っていることに示されている。だからこそ、「社会的性格」について語れるのだ。この社会的性格は、同じ文化の中にあっても個々人で異なっている個人的な性格とは区別しなければならない。フロイトは個人の性格を問題にしたが、この社会的性格はフロム独自の見解である。

また、フロムは、この社会的性格がマルクスのいう社会の経済的基礎（下部構造、土台）

と政治的経済的制度、哲学、芸術、宗教などのイデオロギー的上部構造を結びつける媒介としての働きをすると考えた。すなわち、下部構造がある社会的性格を作り出し、そこから理念が作り出される一方で、いったん理念が作り出されると、それが今度は社会的性格に影響を及ぼし、間接的に経済的基礎にも影響を及ぼすと考えたのだった。マルクスは下部構造がどのように上部構造に転換されるかを示さなかったが、フロムはこの問題に、このような形での回答を与えたのである。

一方、個々人の性格の違いについては、親のパーソナリティの違いや、子どもが育つ精神的な、あるいは物質的な社会環境の違いによるとする。その場合、個人の体質的な違い、なかでも、気質の違いが重要になるとフロムは述べるが、この気質がどういうものなのかについては、明解な説明はしていない。

さらに、個人の性格の形成は、個人と文化領域の二つから生じる人生上の経験が、気質と体質とに及ぼす影響によって決定されるともいっている。同じ環境は二つとなく、また個々人の体質も違うので、環境は多かれ少なかれ違うものとして体験され、その人固有の性格を形作っていくのである。

単に文化の模範に従う場合の個人の行動と思考習慣は、個人の性格に根ざしたものではないので、生活パターンが新しくなればそれに影響を受けて容易に変わる。だが、その行動が本来の性格に根ざしたものなら、性格自体が根本から変わらない限り変化しない。
以下、フロムの性格論を見ていこう。

「非生産的方向づけ」と「生産的方向づけ」

フロムはこの章の冒頭で述べた「同化」と「社会化」の過程において個々人の内なるエネルギーがどのように方向づけられるのか、そのパターンを「非生産的方向づけ」と「生産的方向づけ」の二つに分け、さらにこの二つの中にいくつかの分類タイプを設定した。

それらはいずれも理想タイプであって、特定の個人の性格ではない。それゆえ、人がいずれか一つだけの性格であるということはない。ある個人の性格とは、分類タイプのすべて、またはそのいくつかが混合されたものである。性格を決定づけるのは、この「生産的方向づけ」がどの程度優勢か、もしくは、どの「非生産的方向づけ」が優勢かによるのである。

「方向づけ」という言葉には少し違和感を持たれるかもしれないが、その原語は orientation である。先に述べた「個人のエネルギー」が何に「向けられる」のかに注目しての定義である。

フロムは「生産的方向づけ」のみが、人間の内にある理性や愛を展開させると考える。

だが、生産的では「ない」性格の方向づけ、すなわち「非生産的方向づけ」の方に前者よりも多くの「タイプ」が見られるので、まずそれらから先に見ていこう。

Ⅰ　非生産的方向づけ

A　「同化」の過程における非生産的方向づけ

まず「ものを獲得すること」、「同化」の過程における「非生産的方向づけ」のタイプを見よう。「同化」は、(1)受容的＝「ものを与えられる」、(2)搾取的＝「ものを力ずくで獲得する」、(3)貯蓄的＝「ものを貯蓄する」、(4)市場的＝「ものを交換する」に分類される。

(1)受容的方向づけ＝「ものを与えられる」

この性格の人は、あらゆるよきものの源泉は外にあるので、ものであれ愛であれ知識であれ、ほしいものを得る唯一の方法は、外からそれを受けることだと考える。このような人にとって愛の問題は、愛することではなく、つねに愛されることになる。誰かに愛されるという経験が圧倒的なので、愛や愛に見えるものを与えてくれる人であれば、誰にでも飛び込んでしまうのだ。

思考の領域でも同じである。この性格の人が知的であれば、最善の聞き手になるだろう。だが、その場合でも一方的に受け取るだけで、自分の考えを持とうとはしない。自分では少しも努力はせず、必要な情報を与えてくれる人を探す。

この性格の人が信仰心のある人なら、自分では何もせず、すべてを神に期待する。このような「魔法の援助者」に安心感を与えてもらうためには、宗教に限らず、多くの人に忠誠を尽くさなければならない。そうすると、その人は対立する様々な忠誠と約束との板挟みになってしまう。このような人は「ノー」というのが難しく、何に対しても誰に対しても「イエス」といい、そのため、批判能力は麻痺し、ますます他者に依存する。どんな仕方であれ、自分を支えてくれる人に依存して、他者に助けられなければ自分は何もできないと信じ込んでいるので、一人になると見放されたと思う。決断し責任を取ることは、自分一人にしかできないにもかかわらず。

（2）搾取的方向づけ＝「ものを力ずくで獲得する」
この性格の人も、自分が獲得したいと願うものは外に求め、自分では何も生産しない。ただし、先の受容的タイプとは異なり、贈り物を期待するのではなく、力と策略を用いてほしいものを奪い取る。そして、利用できるのであれば、誰からでも搾取しようとする。愛の領域においても、誰かから奪い取ることになる人にしか引かれない。他の人のものだからその人に魅力を感じるのであって、誰のものでもない人と恋に落ちることはない。

同じ態度は思考と知的探求にも見られる。この性格の人は自分では何も生み出そうとしない。高い知性を備え、自分自身の才能だけで自分自身の考えを持つことができるはずなのに、あえて剽窃《ひょうせつ》したり、他の人の考えを異なった言い回しで自分自身の新しい考えだと主張したりする。

（3）貯蓄的方向づけ＝「ものを貯蓄する」

この性格の人は、外の世界から得るものは、どんなものでも信用しない。彼らにとって安心とは貯蓄と節約で、消費は恐るべき脅威である。いわば自分のまわりに防護壁を築き、その中にできるだけ多くを運び込み、出て行くものをできるだけ少なくしようとする。

この性格の人にとって、愛とはあくまでも所有である。愛を与えようとはせず、愛する人を所有することを、愛を得たことと考える。

貯蓄的な人はしばしば人々や記憶に対してまで特別の忠実さを見せる。感傷的で、過去は黄金の光の中にあるとして、過ぎ去った感情と経験の思い出に耽《ふけ》る。何でも知っているが、その知識は建設的ではなく、生産的には思考しない。

この性格の人にとっては、ものも思考も感情も、すべて秩序の中になければならない。外界が自分の要塞への脅威として経験されるとひどく頑固になる。侵入に対するほとんど自動的な防衛として、いつでも何に対してでも「ノー」という。

（4）市場的方向づけ＝「ものを交換する」

「自分自身が商品であり、交換価値を持っているという経験に根ざしている性格の方向づけを、私は市場的方向づけと呼ぶ」（*Man for Himself*）
市場的性格の人とは顔のない人間、「ひと」（das Man）、まさに現代資本主義社会の典型である。この性格の人は、自らが「売れる」商品になることのみに関心がある。したがって、成功すれば価値があり、さもなければ自分は無価値だと考える。
フロムは、この性格も「非生産的方向づけ」に位置づける。このような人は人間としての自分の全的な力を育むことができず、自分では何も作れないからである。
この性格について知るためには、現代資本主義の本質を考慮しなければならない。両者は単に似ているのではない。現代資本主義社会こそは、このような性格が現代人において発展することになった主たる原因だからである。

現代資本主義社会にあっては、交換価値のみが重視される。それは人間についても同じである。人間についても世界とどう関係するべきか、性格をどう方向づけるかを市場が決定するのである。そして今や、現代人は自分自身の価値についても、進んでこの使用価値に則って判断するようになっている。

当然、誰もが自分の価値を市場で認めてもらえる、すなわち、市場で成功できるわけではない。さらには、たとえいったん成功したとしても、つねに競争止むことなき市場では、決して自らに揺るぎない自信を持つことはできない。絶え間なく、他者の承認が必要とされるからである。

「市場的方向づけにおいては、人は自分から疎外された商品としての自分自身の力に対峙する。その力は自らと一体ではなく、自分からは隠されている。市場的方向づけにおいて大切なのは、力を使う過程での自己実現ではなく、それを売る過程で成功することだからである。力も力が作り出すものも共に疎外され、自分自身とは違う何か、他者が判定し、使う何かになる。こうして、アイデンティティの感覚は、自信と同様、揺らぐ。アイデンティティは演じることができる役割――『私はあなたが望む人間です』――の総量で決められるからである」(前掲書)

この分析には、マルクスの疎外論とフロイトの精神分析の、みごとな綜合を見ることができる。

自分のアイデンティティを疑っては生きていくことはできない。自分と自分の力によってではなく、他者が自分をどう見るかをアイデンティティの基礎にしようとすれば、そのようにして見出される自分は玉ねぎのようなものでしかなくなる。次々に皮を剝《む》いていくと、最後は何も残らない。

以上が、当初フロムが提示した現代人の性格類型だった。しかし後に、もう一つの性格類型の存在に気づいた。それは、他のどの性格類型よりも人類の生死を決定するものであった。フロムはそれを「ネクロフィリア」と名づけた。

(5) ネクロフィリア的方向づけ

「ネクロフィリア」とは、「死体愛」という意味である。フロムはこれを「バイオフィリア」(生への愛)と対比させて使っている。この性格の人は、生きているものだけではなく、いやそれら以上に死んでいるものに引かれる。その引かれるものには死体、腐敗物、排泄物、汚物など、通常、人が忌避《きひ》するものも含まれる。この性格の人は病気、埋葬、死について好んで話す。

こうしたネクロフィリアの元の意味から凶悪な殺人者を思い浮かべるなどして、自分とは無縁と思う人がいるかもしれない。だが、ネクロフィリア的方向づけは、他の性格と同様、世界への関係の仕方として、それほど特異なものではない。

「ネクロフィリア的な人は成長しないもの、機械的なもののすべてを愛する。ネクロフィリア的な人は有機的なものを無機的なものへ変え、生きた人間がすべて『もの』であるかのように、生命に機械的に近づきたいという欲求に駆られる。あらゆる生命の過程、感情、思考がものに変えられる。経験よりも記憶が、『ある』ことよりも『持つ』ことが重要である」（*The Heart of Man*『悪について』）

このタイプの人は、未来ではなく過去に執着する。引用文にある、「経験よりも記憶が重要」だというのは、人は今しか生きることができない、にもかかわらず、ひたすら過去に執着するということである。

また、最後の「『ある』ことよりも『持つ』ことが重要」という文は、フロムが提示する二つの存在様式を念頭に置いて述べられている。フロムは、芭蕉《ばしょう》の俳句とテニソンを引いて、以下のように説明する（*To Have or To Be?*『生きるということ』）。

「よく見れば　なずな花咲く　垣根かな」（芭蕉）

「ひび割れた　壁に咲く花　割れ目から
根こそぎ摘みて　我が手に持てり」（テニソン）

テニソンは花を「持つ」ことを望んだ。その上、摘んだ花を手にして知的な思索に耽る。もしもお前（＝花）が何であるかを理解できれば、私は神が何か、人間が何かを知るだろう、と。花は詩人がこのような関心を持ったがため生命を奪われた。他方、芭蕉はテニソンとは違って、花を摘みたいとは思わない。触れようとすらしない。ただ、なずなが「ある」のを見るだけである。

なぜ「持つ」ことを望むのか。フロムは次のように説明する。

「ネクロフィリア的な人が対象——花であれ人であれ——に関われるのは、それを所有している時だけである。そのため、所有物への脅威は自分自身への脅威になる。もしも所有物を失えば、世界との接触を失う。だから、次のような逆説的な反応を見せることになる。つまり、ネクロフィリア的な人は所有物を失うよりは、むしろ生命を失うことを選ぶだろう。たとえ生命を失うことで、所有者として存在するのをやめることになるとしても」（*The Heart of Man*）

それゆえ、

「生を制御できるためには、それを死に変えなければならない。死は生におけるただ一つ確実なことである」（前掲書）

ネクロフィリア的な人はそう考えるのである。所有物を死に至らしめたら、もはやその所有者ではなくなってしまうにもかかわらず。

他者を所有しようとする人は、他者を制御、支配しようとする。そのような人はこのように、生きた人間も「もの」と見ている。しかし、ものではない生命は、制御したり、完全に予測したりすることはできない。生の領域で他者に影響を与えうるのは、愛、刺激、模範のような生の力だけであり、ものや商品、数字としてそれらを扱うことはできない。生は個別の現れ――一人の人間、一羽の鳥、一輪の花――としてだけ体験される。集団の生や、抽象的な生などはない。人間はすべて生者、生きている一人一人の「個人」である。

この、本来ものではないはずの人間を量化、抽象化してしまうような社会における基本的な原理が機械の原理である。このような社会においては、人は生に無関心になり、それどころか、進んで死に引かれさえもする。

冷戦と核戦争の脅威の時代を生きたことにより、フロムはこのネクロフィリア的性格の存在に気づいた。核戦争にはこれまでの戦争を正当化するいかなる説明――攻撃に対する防衛、経済的利益、解放、栄光、一定の生活の維持――も当てはまらない。よくて人口の半分が数時間以内に灰になる。文化の中心地が破壊され、生き残った人もむしろ死者を羨むような非人間的な生活だけが残される。このようなことが予想されるのに、核戦争の準備は進み、抗議活動は広がらないのはなぜか、そうフロムは問う。

「生きたいと思う理由を多く持っている人、あるいはそう見える人がなぜすべてが破壊されるというのに正気でいられるのか。答えは多くある。しかし、次のことを含めなければ、満足な説明にならない。つまり、人が全面的破壊を恐れないのは、生を愛していないから、あるいは、生に無関心だから、それどころか多くの人が死に引かれているからである」(前掲書)

しかも、このことに多くの人は気づいていない。それどころか、刺激による興奮を生きる喜びだと勘違いし、多くのものを所有し使う時、生き生きしているという幻想を抱いて生きているのである。

B 「社会化」の過程における非生産的方向づけ

一方「社会化」の過程には、(1)服従する・支配するという「共生的関係」、(2)退行・破壊の二つのパターンがある。

(1)共生的関係——「マゾヒズム」と「サディズム」

共生的関係にある時には、他者との関係において自立を失うか、あるいはそもそもの当初から自立することがない。他人に呑み込まれるか、呑み込むことで、他者の一部になり、孤独の危険を避けようとする。

他者との関係において自分が自立を失うような状況を、フロムは臨床的に「マゾヒズム」と名づけた。フロムが「マゾヒズム」という時には、自分に苦痛を与えて性的満足を得るという性的な意味合いはない。フロムのいう「マゾヒズム」とは、自己をなくし、他者に依存することによって安全、安心を得ようとする試み、まさに「自由からの逃走」である。

依存の型は多様だが、マゾヒズムにおいてはもっぱらそれは、犠牲、義務、愛として合理化される。例えば、国家のために犠牲になることが国を愛することであり国民の義務だと信じている国民は、国家、為政者にマゾヒズム的に依存しているのである。ファシズムの場合は割合わかりやすい形で「自由からの逃走」が始まったが、今はより洗練された形になっている。他者から切り離され孤独になった弱い人が、声高に論じる人の権威に縋ろうとする。このような構造をフロムは見抜いていた。その構造がファシズムの時だけの歴史現象ではなく、今ではより顕《あらわ》になっているのである。

一方、積極的な共生的関係の形が「サディズム」である。マゾヒズムが他者に「呑み込まれたい」という欲望であるのに対して、こちらは他者を「呑み込みたい」という欲望である。ここにも相手に苦痛を加えて性的な満足を得るという性的な意味合いはない。他者を「呑み込みたい」という衝動は、愛、過保護、「正当化された」支配、「正当化された」復讐のような、あらゆる種類の合理化の中に現れる。特に、「正当化された」支配、「正当化された」復讐という時には、フロムは戦争を念頭に置いている。

無力な人を完全に支配することが、この「積極的な共生的関係」の本質である。そこでは支配される人は、人間としてではなく、使用され搾取される「もの」として扱われる。善意あるサディストは、自分の支配の対象が自分の助力で裕福になり、力を持ち、成功することでさえも望むだろう。しかし、相手が自由になって自立し、自分のものではなくなることは全力をあげて阻止しようとする。

ここでも愛に言及されているが、ここでの愛は、例えば、「あなたのためを思っていっている」といって親が愛の名において子どもを支配する時に見られるような、他者を支配し、意のままになる無力な者にしたいという衝動にもとづく偽りのものである。この「仮面を被った善意ある支配」(*Man for Himself*) こそは、しばしばサディズムの表現である。

(2) 退行と破壊

フロムの分類による二つ目の関係は「退行」、そして「破壊」という関係である。ここでフロムが問題にする退行は、他者との消極的な関係の形である。感情面では、他者に無関心であることである。

「破壊」は、この退行の積極的な形である。他者を破壊したいという衝動は、他者から破壊されることへの恐れから起きるとフロムは考える。「破壊」は「退行」よりも強く生産性を阻止しようとする、生の欲動の非生産的な逸脱である。

Ⅱ 生産的方向づけ

A 「同化」の過程における生産的方向づけ

(1) 仕事

一方、「生産的方向づけ」こそが人間の発展の目的であり、ヒューマニズム的倫理学の理想であるとフロムはいう。これまでに見た「非生産的方向づけ」によりすでに、生産的な方向づけがどういうものか、少し見えてきたかと思うが、「生産的」(productive)、あるいは「生産性」(productivity)はものの生産について使われる言葉なので、なぜこの言葉が性格の一類型を表す言葉として使われるのか、すぐには理解できないのではないだろうか。

ものを作る能力は、人間特有のものである。しかし、この「ものの生産」ということが、そもそも性格の一面として、「生産性」の象徴であることに、まずフロムは注意を喚起する。先に見た他の性格と同様、「生産的方向づけ」はあらゆる領域における人間経験の関係性の形の一つである。フロムは次のように定義する。

「生産性とは、自分の力を使い、自分に内在する可能性を実現する人間の能力のことである」（*Man for Himself*）

「自分の力を使う」ためには、なによりもまず自由でなければならない。誰かに依存してはならないのだ。

さらに、この定義には人間は理性に導かれる存在であるということが、その前提とされている。自分の力が何であり、それをどう使うか、何のために使うのかを知っている場合にだけ、力は使うことができるのだ。

フロムのいうこの「生産性」は、「創造性」と同義であり、またそれは「自発性」の意味でもある。ただし、「生産性」はしばしば活動性（activity）と混同されがちだが、それを混同してはならないと、フロムは釘を刺している。フロムのいう「生産性」は、何かを「する」という意味ではないのである。外面的には行動的な人でも、その行動によって何かを変えたり、影響を与えたりすることができず、ただ単に外からの影響を受けるだけの場合には、むしろ受動的に分類されるべきであり、生産的とはいえないのだ。

不安に駆られることも、同じく「非生産的」である。権威への服従と依存にもとづく活動も、それとはやや性格を異にするが、やはり「非生産的」に分類される。たしかに、権威に命じられたから権威が望むことをするのが生産的（自発的）とはいえないだろう。

また、明白な権威ではなくとも、世論、文化の模範や常識、また科学など、匿名の権威に依存する人がいる。先に見た服従的活動と似ているが、フロムはこれを「自動的活動」と名づける。人は他人からの期待をモチベーションにして、何かを行う場合がある。このような行為も、その行為の原因が自身の内にではなく外部にあるという意味で、やはり自発性を欠いている。

さらに、嫉妬や羨望などの非合理的な感情から行動に駆り立てられる人がいる。そのような人の行動は、硬直したステレオタイプなものになる。これもまた、活動的な行為であっても自由でも合理的でもない。すなわち、生産的ではないとされる。

B「社会化」の過程における生産的方向づけ

（1）愛と理性的思考

他者と自分自身への関係の生産的な形が「愛」である。愛は二人の人間の親密さの表現だが、相手が成長することを願い、互いの人格が侵害されないことが前提である。生産的な愛、またそれと「理性的思考」との関係は次章で見る。

以上のことを図示すると、次のようになる。

非生産的方向づけ		
同化の過程における	社会化の過程における	
受容的	マゾヒズム的	共生的関係
搾取的	サディズム的	
貯蓄的	破壊的	退行
市場的	無関心	
生産的方向づけ		
仕事	愛、理性的思考	

「同化」と「社会化」の関係

この章の最初の部分で見てきた「非生産的」と「生産的」という二つの異なった「方向づけ」には、「同化」と「社会化」の過程において、ある種の類似性が存在する。

「受容的」な態度と「搾取的」な態度も、平和的にか攻撃的にかという態度としては対立関係にあるものの、相手との間に一種の親密さと近さをもたらすという点においては相同性を持っている。

「受容的」な態度においては、より強い人に服従したら、必要なものを与えてくれるだろうという、マゾヒズム的な関係が優勢である。その意味で、他者はあらゆる善の源泉であり、必要なものはすべて強者から与えられる。

他方、「搾取的」な態度はサディズム的な関係である。力ずくで他者から奪うには相手を自分が支配する、無力な対象にしなければならない。

この二つとは違って、「貯蓄的」な関係は他者から常に距離を取る。あらゆるよきものを、外にある源泉から得ることによってでも、それを消費することによってでもなく、貯えることで所有しようとするのである。外界とのどんな親密さも、この自足的なシステムにあっては脅威である。貯蓄的性格は、基本的に他者との関係からの退却だが、外界をあまりにも脅威と感じると、逆にこちらからそれを破壊することでこの脅威を取り除こうとする。

「市場的」な方向づけも他者から距離を取る関係性だが、「貯蓄的」な方向づけとは対照的に、こちらはむしろ様々な面において友好的である。もっともその友好性は薄っぺらなものにすぎないが。「市場的方向づけ」の行動原理は、あくまでもつきあいを表面上に止めるところにある。そして深い感情的なレベルでは、他者との関係は断っている。

次章では、これまでに見てきた「方向づけ」への一般的な考察に続いて、フロムが特に重要なものと考えた、特別の形の生産性——生産的な「愛と思考」——について見ていこう。

第六章　「愛」とは何か

生産的な愛と思考による孤独の克服

フロムは著作の多くの箇所で愛について論じてきたが、The Art of Loving で愛についてまとまった形で論じた。本章では、この書に依拠して愛についてのフロムの考えを見てみよう。

今一度、なぜ前章で性格を分類したかを振り返ってみよう。人間存在とは基本的に孤独であり、世界から切り離されてしまっている。そしてこの「切り離し」に耐えられず、世界と関係を持ち、一体であることを求めないではいられない。

このような人間の、「孤独を脱したい」、「他者と一体になりたい」という根源的な要求に対するフロムの回答が以下の文章である。

「完全な答えは、(中略) 愛の中にある」(*The Art of Loving*)

また、次のようにもいっている。

「愛だけが、人間存在の問題への唯一の、健全で満足のいく答えである」(前掲書)

これがどういう意味なのかを見ていこう。

幼児にあっては「私」と「私でないもの」は分離されていない。しかし、最終的には完全に分離される。それが、「自意識」を持つこと、すなわち、子どもが「私」といえるようになることである。

聖書では、この「分離」以前の状態が、人が楽園で自然と一体化していた状態として語られる。子どもは自意識を持たない間は楽園に生きていたのである。

ところが、神に服従しなかったことがアダムとイブに目を開かせ、二人は「個人」としての自意識を獲得した。自分が相手とは異なった性に属し、相手とは違うことに気づいたのだ。こうして人間は、自然との一次的結びつきを解いた。それは自然との前人間的な調和という足枷から、人間が解放されたことを意味する。

この時点での状況を、フロムは次のようにいっている。

「しかし、二人は切り離されていることは知っていても、なおよそ者のままである、まだ互いを愛することを知らないからだ」(前掲書)

この時点での「自由」は、いまだ、ただ単に足枷から解放されたということでしかなかった。それどころか、この自由の獲得と引き替えに、人間は調和(フロムは「前人間的調和」という)の世界から疎外されてしまった。それまで親しいものとしてあった自然はよそよそしいもの、さらには敵対的なものにさえなり、「世界」の中で人間は孤立した。

こうして、人間は孤独になった。そして、この孤独は個々の人間に、自分が他の人間とは違うことも同時に気づかせた。自分が他者では「ない」と知った時、人間はそのことを恥じた。

「愛によって再び結びつくことなしに、人間が孤独であることを知ることが恥の源泉である」(前掲書)

幼児のように、「私」と「私でないもの」が切り離されておらず自意識がなければ、自分が何をしてもそれを見る人はいないので恥ずかしくないが、他者が自分から切り離されているという意味で孤独であれば、自分が他者を見て何かを感じたり考えたりするように、他者も自分を見て何かを感じ考える存在であることに思い当たった時に恥ずかしいと思うのである。

すなわち、人間とは、他者から切り離されていることを受け入れることのできない存在なのだ。だから、人間はなんとしても、どのような手段を使っても、この孤独の牢獄から抜け出したいと思う。問題は、どうすれば再び原初の「結びつき」を回復できるか——それも、より高い次元で——である。フロムはそれは、「愛すること」によってであるという。しかし、その愛は、どんなものでもよいのではない。フロムは、愛は生産的な愛でなければならないという。

では、「生産的な愛」とは、いったいどのような愛なのか。それを理解するために、少し回り道をして、まず先に、性格について見た時と同様に、生産的では「ない」愛とはどのようなものかを見ていこう。

「愛」における「共生的結びつき」

ここでのパターン分類にも、前章で扱った「性格」の分類カテゴリーをフロムは援用する。

その第一は、生まれる前の状態、すなわち、母親と胎児が共生的に結びついていた状態に戻ることで孤独を克服しようとする、心理的な「共生的結びつき」(symbiotic union)である。この「共生的結びつき」においては、母親と胎児は共に(sym)生きており(biosis)、互いを必要としている。胎児は母親の一部であり、母親から必要なものをすべて受け取る。母親はいわば胎児の全世界である。

しかし、生まれ出て母親から独立した存在になってもなお、胎児の時と同じような結びつきの中で生きたいと思う人がいる。この心理的な「共生的結びつき」の受動的な形が「服従」である。

このタイプの人は幼児の時のように、愛され、世話をされ、保護されている時に幸福感に満たされる。だが、自分を愛してくれる人から別れを切り出されると、孤独になることを恐れ、耐えがたい不安に襲われる。それで、誰か「強い人」を見つけて何でもその人の命令に従おうとする。「強い相手」に服従していれば、自分自身で決定したり、あるいはその決定に失敗した時に責任を取るというリスクを冒さないですむからだ。このように、服従を選ぶ人とは孤独を避けることと引き替えに、自由を放棄した人であり、前章でも述べたように、臨床用語を使えば「マゾヒズム」がこれに当てはまる。

一方、「共生的な結びつき」の能動的な形が「支配」、臨床用語を使えばサディズムである。サディスティックな人は、孤独から逃れるために、他者を自分の一部にしようとする。自分自身を膨らませようとして、自分を崇拝する他者を取り込むのだ。

だが、サディスティックな人も、服従させている対象に依存している。どちらも相手なしには生きていくことができないからである。違いは、サディスティックな人が命令し、搾取し、傷つけ、辱めるのに対し、マゾヒスティックな人が命令され、搾取され、傷つけられ、辱められることだけである。

このように、「共生的な結びつき」は外形上、正反対のあり方をしているが、実態としてはほとんど同型といってよい。どちらも求めているのは「相手との完全性なしの結びつき」にすぎない。たしかに、他者との結びつきを求めてはいるのだが、自分の個性を失い、自分が自分ではなくなってしまっている。

「成熟した愛」

孤独を克服するもう一つの方法――フロムが「正しい」とする方法――が、「新しい調和」に達することである。

この「新しい調和」は、これまでに述べてきた、前人間的、前意識的な楽園の調和とは違う。それは新しい次元における調和である。フロムは、この新しい次元での調和について、「人が自分自身と世界からの疎外の段階を通り、十全に生まれた時にだけ到達できる」といっている（*Psychoanalysis and Zen Buddhism*）。

そして、さらに続けて、

「誕生とは一度きりの出来事ではなく、持続する過程である。人生の目的は完全に生まれることである」（前掲書）

という。人間は赤ん坊として生まれただけでは「十全に」生まれたことにはならないのだ。

フロムは人生の悲劇の多くは人間が、親、家族、人種、国家、地位、金、神などとの「共生的な結びつき」をいつまでも断ち切ることができず、そのため「完全に生まれる」ことのできないまま生を終えてしまうことにあると考える。「誕生とは一度きりの出来事ではなく、持続する過程である」とフロムがいうのは、生きるためには人間は絶えず生まれ続けなければならないと考えるからである。「新しい調和」は一度きりで達成できるようなものではないのである。

では、どうすれば「新しい調和」に達することができるのだろうか。フロムの答えは、「共生的結びつき」に由来する自己中心性を克服し、自意識、理性、愛する能力を発達させることによって、である。

自意識と理性を発達させるためには、なによりもまず、自分自身を外の世界から区別できていなければならない。世界を対象化できなければ、世界を把握することはできない。だから世界がいまだ対象化できていない子どもには、世界を理性によって把握することはできない。世界と再び一つになるためには、いったん疎外されなければならないのだ。

愛についても同じである。世界の一部であり続けている限り、他者を愛することはできない。アダムとイブの話でいえば、原初の調和を失った時点では、まだ二人は愛を知らなかった。自らがもはや楽園にあるのではなく、孤独であることを知った時、初めてその孤独を愛によって克服しようとするのである。

これは「共生的結びつき」によっては決して達成できないことである。相手から切り離され、孤独にならなければ、人と結びつくこと、愛することはできない。「切り離され」、「孤独になった」者同士の結びつきこそは完全性と個性を保ったままでの結びつきであり、それこそが「愛」、「新しい調和」である。愛するためには「他者」はまず、いったん「よそ者」にならなければならないのだ。

通常信じられていることとは異なって、愛とは「一体化」ではなく「疎外」、すなわち自分と相手とが切り離されていることをその前提としている。その上で、その「断絶」を克服するのである。愛するためには壁を破らなければならない。かくして初めて、愛の行為において「よそ者」はもはやよそ者ではなくなり「私」になる。

フロムは人間が人間を愛することを阻むこの「断絶」状態について、「人を仲間（fellow-men）から隔てる壁」といっている。ここで、「仲間」という言葉が用いられていることは注目に値する。つまり、愛する前から他者はもともと仲間だったのである。ドイツ語では、fellowmen は Mitmenschen という。「人と人（Menschen）とが結びついている（mit）」という意味である。

しかし、多くの人は他者を仲間ではなく敵だと思っている。ドイツ語では人と人が対立しているという意味の Gegenmenschen という言葉がこれに当たる。他者を敵だと思っている限り、あるいは、そこまで思ってはいなくとも「よそ者」と思っている限り、他者との間には壁がある。

「成熟した愛」は、この壁を壊す力、他者と結びつける力である。フロムは「もう一度結びつく」という言い方をする。reunion、一度離れたものが再び結びつくことが、仲間になることなのである。「成熟した愛」にあっては孤独感は克服され、自分は自分自身であり続ける。「共生的結びつき」とは違い、自己の完全性は保たれる。

「完全性」と訳したドイツ語の Integrität には不可侵性という意味もある。完全性を保つことは、国と国の関係で国境の不可侵性を尊重するように、個人についても、自分と他者の境界を侵さないということである。そうでありながら、その一方では愛は他者を隔てる壁を壊す力として、人間を結びつけるのだ。

フロムは、生産的に世界と関係する方法とは、人間が独自の存在であることを損ねないまま世界と関係する過程にあって、自分自身の力を発揮できるような方法であるといっている。では、愛がこの方法だというのはどういう意味なのだろうか。

「人間が近さと自立、他者との一体性と独自性、特殊性を同時に求めなければならないのは、人間存在のパラドクスである」(*Man for Himself*)

愛においては二人は一つになっている。しかし、にもかかわらず、やはり二人のままでもあるというパラドクスがそこでは起きている。だが、近づいていてなお自立しているということは、言葉で理解することはできても、実際どういうことなのかを実感するのは容易なことではないだろう。

フロムは、このパラドクスへの答えこそが、「生産性」であるという。
「人は行為と理解によって世界と生産的に関係を持つことができる。ものを生産し、その創造の過程で、ものに対して力を持つ」(前掲書)
これまでにも見てきたように、「生産」といっても文字通りのものの製造のことだけをいっているのではない。人間は芸術作品も、思想の体系も作ることができる。だがじつは、生産性のもっとも重要な対象は人間自身である、そう、フロムはいっているのである。
ここでフロムが使う「力」という言葉にも注意しなければならない。人と人が無関係であれば、そこには何の「力」も生じない。誰かとの間に関係が発生する時、初めて「力」が生まれる。フロムは、この「力」にも、二つの意味があるとする。「能力」(power of=capacity)と「支配」(power over=domination)である。
「力を支配と見るのは、能力の麻痺から起きる」(前掲書)
愛の関係において、麻痺するのは「愛する能力」(capacity to love)である。人を愛する能力のない人が、支配という意味での「力」を行使する。この「力」による「支配 - 被支配関係」が、先に見た「共生的結びつき」なのである。
愛する能力がない人は、相手を支配しようとする。支配するためには、相手が無力でなければならない。少なくとも、そう見なすことで、支配を正当化しようとする。親が愛の名で子どもを支配するように。このような仕方で他者を支配しようとする人は、相手が自由になって自立し、自分の支配から脱しようとすれば全力で阻止しようとする。

親が「あなたのためを思っていっている」というのが、子どもが自由に生きるのを許したくないからであるような場合がそれである。いつまでも子どもを自分の支配下に置いておきたいと密かに願っているような親は、こういって子どもが自立し、自分から離れることを阻む。恋愛関係においても、同じようなことが起こることがある。

他方、支配される人は、「無」になる。つまり、人間としての個性を失う。むしろ、それを望む人さえもいる。服従すれば自分で決める必要がないからだ。このように、支配する人と支配される人は、「共生」、共依存関係にあるのである。

だが、愛する能力がある人は、支配されることも支配することもない。誰かに支配されることも、誰かを支配することもない愛——それが成熟した愛、生産的な愛である。

愛は「能動的な活動」

そして、フロムは、愛とは「愛する能力」のことだという。

「成熟した愛」は、普通、愛といわれるものとはかなり違う。それは、「落ちる」というような受動的な感情ではない。愛をそのような受動的なものと考える人は、愛することはたやすいが、愛する相手を見つけることが難しい、愛において幸福を見出せないのは、ふさわしいパートナーを見つけられないという不運のためだと考える。

しかしフロムは考える、愛は受動的な感情ではなく、能動的な力、活動である、と。愛が能動的であるというのは、それが「与える」ことであり、「与えられる」という受動的なものではないことを意味する。

この真の愛は生産性にもとづく。この本質は、母親の子どもに対する愛であろうと、他の人に対する愛であろうと、パートナー間での性愛であろうと同じである。

生産的な人はナルシシズム的な欲求を克服しているので、自分の人間としての力を信頼している。逆にいうと、自分の「力」を信頼できなければ「与える」、つまり愛することはできないのだ。「与える」（give）ことは、何かを諦《あきら》める（give up）こと、奪われることではない。「与える」をそのように見なすのは、第五章で述べた「非生産的な」性格の人である。

例えば、市場的な性格の人は、見返りがある場合には喜んで「与える」だろう。しかし、与えたのに見返りがなければ騙《だま》されたと思う。総じていえば、非生産的な性格の人にとって、与えることは貧しくなることである。それゆえ、このタイプの人は与えることを拒むか、見返りがある時にだけ与える。

「与える」とは犠牲を払うことだと考える人もいる。苦痛だからこそ与えなければならず、与えるという徳は、まさに犠牲を受け入れる行為にあるというのである。そのようなマゾヒストには、奪われることを耐える方が喜びを感じるよりもよいのである。

生産的な性格の人にとっては、与えることにはまったく違う意味がある。「与える」ことは「力」の最高の表現なのである。

では、何を「与える」のか。自分自身、自分のもっとも重要なもの、すなわち生命を。そして、この「与える」という行為によって、自分の強さ、豊かさ、力を経験する。もらうために、つまり愛されるために「与える」のではない。「与える」こと、愛することそれ自体が喜びなのである。

そして、この「与える」という行為は、他者の中にも何かを生まれさせずにはおかない。生まれるのは愛である。「与える」ことによって愛を「生産」するのである。そして「与える」ことによって相手の中に生まれたもの、すなわちこの愛は、今度は自分に返ってくる。真に与えれば、必ず何かを与えられることになるのだ。

愛の基本要素

だが、愛の能動的な性質は、「与える」ことだけにあるのではない。配慮、責任、尊敬、そして知識――それがフロムが考える、愛の基本要素である。

「配慮と責任」が愛の本質であるということは、愛とは人が圧倒されるような情念ではないということである。

「配慮」が愛の第一の要素であるのは、親の子どもへの愛を見ればわかる。子どもに食事を与えたり、風呂に入れたりするようなことを怠《おこた》る親は、子どもを愛しているといっていても、その言葉を信じることはできない。フロムは次のようにいっている。

「女性が花が好きだといったとしても、彼女が花に水をやるのを忘れたことを見てしまったら、彼女の花への『愛』を信じることはできないだろう。愛とは愛するものの生命と成長を積極的に気にかけることである。この積極的な配慮のないところに愛はない」（*The Art of Loving*）

愛の本質は何かのために「働く」ことであり、「何かを育てる」ことにある。愛と労働は切り離すことはできず、その人のために働く人を愛し、愛する人のために働くのだ。

愛の第二の要素は「責任」である。愛は「責任」からも切り離せない。責任（responsibility）は他者からの反応（response）に応答する（respondere）ことである。責任は外から押しつけられる義務ではない。誰かが助けを求めているのを知った時、強いられてではなく、またそうするべきだからと考えてではなく、自分の判断で自発的に応答することである。

愛の第三の要素は「尊敬」である。尊敬（respect）は、その語源（respicere＝見る）からわかるように、相手をありのままに見ること、その独自の個性を知る能力である。ありのままに、相手のために、相手のやり方で成長、発展するよう願い気遣うのだ。

人は誰かを愛する時、愛する人と一つであると感じる。しかし、その場合でもありのままのその人と一つになるのであって、自分のために使う対象と一つになるのではない。この意味においても、相手を尊敬するためには、自分が自立していなければならないことがわかるだろう。

愛の第四の要素は「知識」である。人を尊敬するには、その人を知ることなしに尊敬することはできない。愛の一面である知識は表面に留まらず、核にまで届くような、真の深い知識である。自分自身の関心を超え、他者をその人の立場で見られる時、初めて相手を知ることができるのだ。

フロムは、自分も他者（仲間）も、普通の種類の知識、すなわち思考による知識だけでは真に「知る」ことはできないという。完全に「知る」ための唯一の方法が愛なのだ。そしてこの行為は、思考と言葉を超越するとフロムはいう。ただし、これは通常の「知る」でないことにも注意しなければならない。つまり、思考が与える知識によって知るのではなく、「一つになる」という体験を通じて知るのである。

他者を知ることは、もう一つ、より根本的な愛の問題とも関係している。孤独の牢獄から逃れ、他者と結びつきたいという基本的な欲求は、もう一つの人間的な欲求、「人間の秘密」を知りたいという欲求とも密接に関わっているのである。自分のことであれ、仲間のことであれ、知っていると思うことは可能だが、本当の意味で知ることはできない。存在の奥へと深く入っていけばいくほど、知りたいと思っていることからは遠ざかる。にもかかわらず、人間は他者の魂の秘密、もっとも奥にある核に到達したいと願わないではいられない。

秘密を知るための暴力的な方法がサディズムである。力で相手を抑え込み、私が望むように動かし、感じさせたり考えさせたりするのである。そうすることで、その人は私のもの、所有物になる。むろん、これでは本当に「知る」ことにはならない。

秘密を知るための本当の方法が愛である。愛とは他者の中に能動的に入っていくことである。「結びつく」行為においてこそ、私はあなたを、自分自身を、そして他のすべての人を知るとフロムはいう。

愛の行為、私自身を与え、他者の中に入っていく行為において、私は私自身、相手と自分の両方を、さらには「人間」を発見する。「人間」を発見するということは、先に見たようにヒューマニズムの基本の考え方である。「各人は人類のすべてを代表している」のだ（*Beyond the Chains of Illusion*）。

フロムは、人との合一体験は、決して宗教的な非合理な体験などではなく、むしろ、合理主義の帰結だという。愛はあくまでも情念の側のものではなく、理性の側に属するのだ。

それゆえ、愛の行為において完全に「知る」ためには、まず思考によって知らなければならない。現実の姿を見るために、幻想、相手に対して抱いている非合理的な、歪《ゆが》められたイメージを克服し、なによりもまず、他者と自分自身を客観的に知らなければならない。客観的に「知る」ことを通して初めて、愛の行為において相手の究極の本質を知ることができるのである。

世界と生産的に関係を持つことができるのは、この「知る」という、理性の働きによってである。理性の力によって現象の表面を貫き、その本質を「知る」ことができる。だがまだそれは究極の「知る」ではない。愛の力によって自分を他者から切り離している壁を越え、他者を理解すること、すなわち、「愛」がその究極の姿なのである。愛と理性は世界を理解する相異なった形であり、一方は他方なしには存在しない。

つまり、思考による知識には本質的に限界があり、それによってだけでは人間や宇宙の秘密を把握することはできないのだ。理性を基底とし、かつ理性を超える「愛」によってこそ初めてそれは可能になる——この認識こそが、実は真に合理的な、すなわち、理性による認識、合理主義的な認識なのである、そうフロムはいいたいのではないだろうか。

フロムの「理性」「合理性」を、冷たい非人間的なものと捉えるべきではない。この二つはむしろ「ヒューマンなもの」、すなわちフロムの「ヒューマニズム」の根底をなすものである。あらゆる臆断《ドクサ》を排《しりぞ》け、「正しく知る」——それ以外の行為によって人間は幸福になることはできない。「愛」とは、この人間の「知る」というヒューマンな存在様式の、その至高にして究極のあり方なのである。

第七章　フロムの遺産

いかに生きるべきか

哲学の究極の問いは、幸福とは何か、どうすれば幸福になれるか、である。本章では、Man for Himselfや晩年にフロムが受けたインタビューなどから、哲学者としてのフロムがこの問いにどう答えているか見てみよう。

現代社会においては、幸福は人生の目的ではなくなっているとフロムはいう。

「現代社会は、幸福、個性、自分の利益を強調しているにもかかわらず、人生の目的は幸福（神学用語を使うならば救済）ではなく、仕事の義務を果たすことや成功であると感じるように教えてきた。金、名声、権力が、人間の動機、目的となった。人は自分がしていることが自分のためになっているという幻想を持っているが、実際には、本当に自分のためになるもの以外の他のすべてのものに奉仕している」(*Man for Himself*)

正確には、現代社会において人生の目的が幸福から成功に変わったのではない。誰にとっても人生の目的は幸福だが、幸福になるためには成功しなければならないと考える、すなわち、幸福であるための単に手段でしかないものを、人生の究極の目的と取り違えてしまっているのである。

「ひと」は、人間とは何か、いかに生くべきかについては何も知らず、その問いに目を向けようとさえもしない。

　だが、何かきっかけがあって、人生の意味について考え始めることはある。いつまでも若い、若い者に負けたりはしない（そう自覚することがもはや自分が若くないことを認めていることなのだが）と思っていた人が、ある日病気で倒れたり、身体に何の異変も感じていないのに、健康診断を受けたところ、癌《がん》に侵されていることを知るというような時である。

　このような時どうすればいいのかは自分で考えるほかはない。しかし、多くの人は自分で考えようとはせず、既存の何らかの権威に答えを与えてくれるよう求める。そうすれば、自分で考える必要はなくなる。要するに、何も考えないために権威に任せてしまうのだ。

　この権威が「常識」のような匿名の権威であることもある。多くの人が共有する常識を疑うことなく信じれば、たしかに悩むことはないだろう。しかし、「自分の」人生について考えなければならない時には、常識は力にならない。何事もなく漠然と先の人生を考えて生きていた時と違って、突然人生の行く手を遮るようなことが起きれば、どう生きるかは自分で考えるしかないからだ。

　フロムは、フロイトが創始した精神分析は、たしかに人間についての知識を広げたけれども、人間がいかに生きるべきか、どうふるまうべきかについての知識は深めることがなかったと批判する。これは、精神分析が、自然科学としての心理学を作り上げようとするあまり、心理学から哲学と倫理学の問題を切り離す過ちを犯したという意味である。ではなぜこんなことになってしまったのだろうか。目的を見失っているからだとフロムはいう。

「私たちは、経済、経済の進歩、技術の進歩のために生きている。人生の目的は人間ではないのである」("Die Kranken sind die Gesündesten. Interview mit Jürgen Lodemann und Micaela Lämmle")

　経済を優先するような社会では、人生の目的は経済であり、人間ではない。このような社会では、より多く生産することが目的とされ、その対価として、より多くの消費が許される。だが、本来人生の目的は「人間自身」、「自分自身であること」でなければならない。その目的に達するための条件は、人間が自分自身のために存在しているということだ。


　ここでいう「人間」は一般的な人間でなく、「個人」である。

「人間は『一般的に』存在するのではない。人間は、人間の種のあらゆる成員と人間的な性質の核を共有しながら、常に『個人』であり、他の誰とも違う独自の存在である」(*Man for Himself*)

　人は、自分の個性を実現するだけで、人間としての可能性を実現できる。生きているということは、自分自身になることなのだ。

自分の人生を生きる

ある時、電車の中で、若い人が私に話しかけてきた。彼は「まわりの人は私に社会適応をするようにというが、私にとって社会適応は死を意味する」と訴えた。彼はうつ病を患っていた。

フロムは、次のようにいっている。

「社会によく適応している人であっても、期待されていると信じる人間になるために、代償として自分を捨てている」（*Escape from Freedom*）

他方、この人のように神経症的な人は、今の社会には不適合かもしれないが、「自分を捨て」たりはしない。神経症になっても自己を救い出すことはできないかもしれないが、人間的価値の観点からは、自分自身であろうとしない、個性をすっかり失ってしまった「正常人」などよりよほど真っ当だといえるだろう。

フロムは、信用されうる正常な人、有能な人だと思われるためには「満足していること、幸福であることの仮面を被らなければならない」といっている（"Die Kranken sind die Gesündesten"）。

仮面の後ろにあるのは、不安、苛立ち、怒り、うつ、不眠である。「現代人が幸福であるというのは、人々が共有している一般的なフィクション」（前掲インタビュー）にすぎない。

精神分析家として、フロムのところには、多くの患者が多種多様な症状を抱えてやってきた。フロムがそのような人々に教えたのは、患者が最初に知らなければならないのは、自分が表面的には幸福であっても深層では不幸であり、人生に満足していないということだ、ということであった。様々な症状は、そのような不幸を補償する試みなのである。

このことに「正常な人」は気づかない。それゆえ、「もっとも正常な人は、もっとも病気の人であり、病者はもっとも健康な人である」とフロムはいうのである（前掲インタビュー）。「多くの人、つまり正常な人は、あまりに適応しすぎているので、自分自身のものをすべて捨ててしまっている」（前掲インタビュー）

自分が幸福だと思っている「正常な人」は、異常な状況にあまりにも適応しすぎているので、自分が危険な状況にあることを知らない。だが、自覚症状のない癌患者と同様、それは危険な状態である。

いいたいことをいわず、したいことをしないということは、自分の人生を生きていないということだ。道具化、ロボット化してしまえば、矛盾に満ちた現代社会のただ中にあっても何の葛藤も感じず、それどころか「利益のためなら、人を害することにも良心の呵責《かしゃく》を感じない」（前掲インタビュー）。そのような人は、たとえ不正であっても命じられたら従うだろう。あのアイヒマンのように。

社会適応することは自分にとって死を意味するといったあの若い人の方が、むしろ人生の真実を見ているのだ。神経症的な人とは、自己のための闘いに決して屈服しない人である。しかし、世間的な成功をしなくてもいいとわかれば、そのような人にも、もはや症状は必要でなくなるだろう。

生産的に生きる

フロムは人生の意味について、次のようにいっている。

「生きることとは、生産的であるということ、どんなものであれ人間を超える目的のためではなく、自分自身のために自分の力を使うことであり、自分の人生を意味あるものにし、人間であることとである」(*Man for Himself*)

「恐れずに真実に目を向ければ、次のことを認識するだろう。自分の力を発揮することで、つまり、生産的に生きることによって自分の人生に与える意味の他には人生に意味はないということ、そして、いつも目覚めて、活動、努力することによってのみ重要な一つの課題——われわれの存在の法則によって課せられた限界の範囲内で、われわれの力を完全に発揮すること——に失敗しないようにすることができるということである」(前掲書)

「人が人間の状況、自分の存在と自分の力を発揮する能力に内在する二分性を認識した時にだけ、自分の課題——自分自身であること、自分自身のために生きること、自分の特別な能力である理性、愛、生産的な仕事を完全に実現することで幸福になること——を解決できるだろう」（前掲書）

人間であれ

さて、これまでフロムの思想を見てきたが、今の時代を生きる私たちは、その思想から何を学ぶことができるだろう。

「ヒトラーの征服が始まってからヒトラーに抵抗を始めるのでは、始める前にすでに負けている。なぜなら、抵抗するためには、芯や信念を持ち、自分を信じ、批判的に考えることができ、自立した人間、つまり、羊ではなく、人間でなければならないからだ。そのためには、『生と死の技術』を習得するために、多くの努力、練習、忍耐が必要であり、すべての技術がそうであるように、学習が必要である。このように成長する人は、何が自分と他者にとってよいことか、悪いことか、しかも、財産や成功、権力にとってではなく、人間としての自分にとっての善悪を知る能力も身につけている」（"Hitler-wer war er und was heißt Widerstand gegen diesen Menschen? Interview mit Hans Jürgen Schutz"）

ヒトラーのような人はいつの時代にも現れる。今日、抵抗を始める前にすでに負けている状況にはないと、はたして言い切ることができるだろうか。

目覚めよ

「社会的な問題においては、結局のところ、人類の命が重要である。だから、たとえ可能性が非常にわずかであっても、希望の立場を取らなければならない」（"Die Kranken sind die Gesündesten"）

フロムは、今日の主たる関心はただ一つ、戦争と平和の問題であるといっている。人間は地球上のすべての生命とそこに残されているすべての価値を破壊した上で、生き残った人類を力によって支配する、野蛮で全体主義的な機構を作り上げる可能性を否定できない。この危険の存在を知ることが、今日われわれが従うべき唯一の義務、唯一の道徳的、知的な命令である。これに従わなければわれわれは皆破滅するだろう。

地球上の全生命を破壊しうる「核による大虐殺」でわれわれが皆滅びるとすれば、それはわれわれが人間になれなかったからでも、生まれつき悪だからでもない。無知だからだ。深淵に向かって歩んでいるという現実を直視せず、真理に従って行動していないからである。フロムは、次のようにいっている。

「私は人間の完全性を信じている。しかし、この目標を達成できるかは疑わしい、すぐに

覚醒しなければ」（*Beyond the Chains of Illusion*）

人間が現状で完全であるとはフロムも考えない。しかし、それでも人間は完全性を目標としなければならない。

世界はいつの時代にも悲惨である。いつも暗黒の夜に閉ざされているように感じる。だが、それでも現実から逃れず、その現実を直視する。そして、その悲惨の中にあってなお、人間の「善さ」を信じ――それがフロムのいう「愛」によるヒューマニズムである――「善」に賭ける――それがフロムのメッセージであるように私は思う。

引用したフロムの文献

Escape from Freedom, Holt, Rinehardt and Winston, 1941.
The Art of Loving, George Allen & Unwin, 1957.
To Have or To Be?, A Bantam Books, 1988.
Beyond the Chains of Illusion: My Encounter with Marx and Freud, Open Road Media, 2001.
The Heart of Man: Its Genius for Good and Evil, American Mental Health Foundation Inc, 2010.
Psychoanalysis and Zen Buddhism, Open Road Media, 2013.
The Sane Society, Open Road Media, 2013.
Man for Himself: An Inquiry into the Psychology of Ethics, Open Road Media, 2016.
Erich Fromm Gesamtausgabe, Open Publishing, 2016.

講談社現代新書 2687
今《いま》を生《い》きる思想《しそう》 エーリッヒ・フロム 孤独《こどく》を恐《おそ》れず自由《じゆう》に生《い》きる

二〇二二年一一月二〇日第一刷発行

著者 岸《きし》見《み》一郎《いちろう》 © Ichiro Kishimi 2022

発行者 鈴木章一

発行所 株式会社講談社
東京都文京区音羽二丁目一二―二一 郵便番号一一二―八〇〇一
電話 〇三―五三九五―三五二一 編集（現代新書）
〇三―五三九五―四四一五 販売
〇三―五三九五―三六一五 業務

装幀者 中島英樹／中島デザイン

印刷所 株式会社KPSプロダクツ

製本所 株式会社国宝社

定価はカバーに表示してあります Printed in Japan

N.D.C. 140 124p 18cm
ISBN978-4-06-530069-5

「講談社現代新書」の刊行にあたって

教養は万人が身をもって養い創造すべきものであって、一部の専門家の占有物として、ただ一方的に人々の手もとに配布され伝達されうるものではありません。

しかし、不幸にしてわが国の現状では、教養の重要な養いとなるべき書物は、ほとんど講壇からの天下りや単なる解説に終始し、知識技術を真剣に希求する青少年・学生・一般民衆の根本的な疑問や興味は、けっして十分に答えられ、解きほぐされ、手引きされることがありません。万人の内奥から発した真正の教養への芽ばえが、こうして放置され、むなしく滅びさる運命にゆだねられているのです。

このことは、中・高校だけで教育をおわる人々の成長をはばんでいるだけでなく、大学に進んだり、インテリと目されたりする人々の精神力の健康さえもむしばみ、わが国の文化の実質をまことに脆弱なものにしています。単なる博識以上の根強い思索力・判断力、および確かな技術にささえられた教養を必要とする日本の将来にとって、これは真剣に憂慮されなければならない事態であるといわなければなりません。

わたしたちの「講談社現代新書」は、この事態の克服を意図して計画されたものです。これによってわたしたちは、講壇からの天下りでもなく、単なる解説書でもない、もっぱら万人の魂に生ずる初発的かつ根本的な問題をとらえ、掘り起こし、手引きし、しかも最新の知識への展望を万人に確立させる書物を、新しく世の中に送り出したいと念願しています。

わたしたちは、創業以来民衆を対象とする啓蒙の仕事に専心してきた講談社にとって、これこそもっともふさわしい課題であり、伝統ある出版社としての義務でもあると考えているのです。

一九六四年四月　野間省一

哲学・思想Ⅰ

66 哲学のすすめ——岩崎武雄

159 弁証法はどういう科学か　三浦つとむ

501 ニーチェとの対話——西尾幹二

871 言葉と無意識——丸山圭三郎

898 はじめての構造主義　橋爪大三郎

916 哲学入門一歩前——廣松渉

921 現代思想を読む事典　今村仁司 編

977 哲学の歴史——新田義弘

989 ミシェル・フーコー　内田隆三

1001 今こそマルクスを読み返す　廣松渉

1286 哲学の謎——野矢茂樹

1293 「時間」を哲学する——中島義道

1315 じぶん・この不思議な存在——鷲田清一

1357 新しいヘーゲル——長谷川宏

1383 カントの人間学——中島義道

1401 これがニーチェだ——永井均

1420 無限論の教室——野矢茂樹

1466 ゲーデルの哲学——高橋昌一郎

1575 動物化するポストモダン　東浩紀

1582 ロボットの心——柴田正良

1600 ハイデガー＝存在神秘の哲学——古東哲明

1635 これが現象学だ——谷徹

1638 時間は実在するか　入不二基義

1675 ウィトゲンシュタインはこう考えた　鬼界彰夫

1783 スピノザの世界——上野修

1839 読む哲学事典——田島正樹

1948 理性の限界——高橋昌一郎

1957 リアルのゆくえ　大塚英志 東浩紀

1996 今こそアーレントを読み直す——仲正昌樹

2004 はじめての言語ゲーム——橋爪大三郎

2048 知性の限界——高橋昌一郎

2050 超解読！ はじめてのヘーゲル『精神現象学』　竹田青嗣 西研

2084 はじめての政治哲学　小川仁志

2099 超解読！ はじめてのカント『純粋理性批判』　竹田青嗣

2153 感性の限界——高橋昌一郎

2169 超解読！ はじめてのフッサール『現象学の理念』——竹田青嗣

2185 死別の悲しみに向き合う——坂口幸弘

2279 マックス・ウェーバーを読む——仲正昌樹

A

哲学・思想Ⅱ

13 論語——貝塚茂樹
285 正しく考えるために 岩崎武雄
324 美について——今道友信
1007 日本の風景・西欧の景観——オギュスタン・ベルク 篠田勝英 訳
1123 はじめてのインド哲学 立川武蔵
1150 「欲望」と資本主義——佐伯啓思
1163 「孫子」を読む——浅野裕一
1247 メタファー思考——瀬戸賢一
1248 20世紀言語学入門 加賀野井秀一
1278 ラカンの精神分析——新宮一成
1358 「教養」とは何か——阿部謹也
1436 古事記と日本書紀 神野志隆光
1439 〈意識〉とは何だろうか 下條信輔
1542 自由はどこまで可能か 森村進
1544 倫理という力——前田英樹
1560 神道の逆襲——菅野覚明
1741 武士道の逆襲——菅野覚明
1749 自由とは何か——佐伯啓思
1763 ソシュールと言語学——町田健
1849 系統樹思考の世界——三中信宏
1867 現代建築に関する16章 五十嵐太郎
2009 ニッポンの思想——佐々木敦
2014 分類思考の世界——三中信宏
2093 ウェブ×ソーシャル×アメリカ 池田純一
2114 いつだって大変な時代——堀井憲一郎
2134 いまを生きるための思想キーワード——仲正昌樹
2155 独立国家のつくりかた 坂口恭平
2167 新しい左翼入門——松尾匡
2168 社会を変えるには——小熊英二
2172 私とは何か——平野啓一郎
2177 わかりあえないことから 平田オリザ
2179 アメリカを動かす思想 小川仁志
2216 まんが 哲学入門——森岡正博 寺田にゃんこふ
2254 教育の力——苫野一徳
2274 現実脱出論——坂口恭平
2290 闘うための哲学書——小川仁志 萱野稔人
2341 ハイデガー哲学入門 仲正昌樹
2437 ハイデガー『存在と時間』入門——轟孝夫

Ⓑ